Veronika Pichl

MEAL PREP
Low Carb

Veronika Pichl

MEAL PREP
Low Carb

Kohlenhydratarme Mahlzeiten vorbereiten, mitnehmen und Zeit sparen

riva

Bibliografische Information der Deutschen Nationalbibliothek:
Die Deutsche Nationalbibliothek verzeichnet diese Publikation in der Deutschen Nationalbibliografie. Detaillierte bibliografische Daten sind im Internet über https://dnb.de abrufbar.

Für Fragen und Anregungen
info@m-vg.de

Wichtiger Hinweis
Ausschließlich zum Zweck der besseren Lesbarkeit wurde auf eine genderspezifische Schreibweise sowie eine Mehrfachbezeichnung verzichtet. Alle personenbezogenen Bezeichnungen sind somit geschlechtsneutral zu verstehen.

Originalausgabe
3. Auflage 2025

Türkenstraße 89
80799 München
Tel.: 089 651285-0

Redaktion: Cora Wetzstein
Umschlaggestaltung: Manuela Amode
Umschlagabbildungen: Bianca Zapatka, Diana Ruchser, Linda Bestwick/Shutterstock.com, Vanessa Faschingbauer, I.Friedrich/Shutterstock.com
Satz: ZeroSoft, Timisoara
Druck: Florjancic Tisk d.o.o., Slowenien
Printed in the EU

ISBN Print 978-3-7423-0655-5
ISBN E-Book (EPUB, Mobi) 978-3-7453-0229-5

Wir produzieren nachhaltig
www.m-vg.de

Weitere Informationen zum Verlag finden Sie unter

www.rivaverlag.de

Beachten Sie auch unsere weiteren Verlage unter www.m-vg.de

Inhalt

Meal Prep und Low Carb – zeitsparendes Dream-Team für mehr Fitness

Auch unterwegs gesund und kohlenhydratarm essen – das ist bei jeder Menge Alltagsstress gar nicht so einfach. Zumal schon allein die regelmäßige Zubereitung einer frischen und gesunden Mahlzeit für zu Hause bei vielen Menschen heute zu kurz kommt. Chronischer Zeitmangel, langwieriges Kochen und Vorbereiten nach Feierabend sowie stressiges Einkaufen am Abend lassen gute Ernährungsvorsätze und frische Küche schließlich schnell in Vergessenheit geraten.

Kein Wunder, dass unsere Gesundheit dabei gleich doppelt leidet: Ungesunde Ess- und Lebensgewohnheiten belasten unseren Organismus. Und auch Dauerstress und Zeitnot sind alles andere als eine Wohltat für Fitness und Wohlbefinden. Schließlich wirkt sich nicht allein eine zu fett- und kohlenhydratlastige Ernährung negativ auf Figur und Gesundheit aus. Auch schadet eine dauerhafte Überproduktion der Stresshormone Adrenalin und Noradrenalin, der wir uns auch durch Kochchaos und Einkaufsstress aussetzen, unserem Herz-Kreislauf-System.

Höchste Zeit also, um mehr auf unseren Körper zu achten, ihn durch eine ge-

sunde, kohlenhydratarme Ernährung fit und leistungsfähig zu erhalten und gleichzeitig Koch- und Einkaufsstress zu minimieren. »Schön wär's« möchte man nun denken. Schließlich stellt sich die Frage, wie diese beiden Ziele miteinander vereinbar sein sollen. Kohlenhydratarme Gerichte frisch zubereiten und außerdem auch noch Zeit und Stress einsparen? Klingt schwierig – wird aber durch das clevere Planen und Vorbereiten leckerer, gesunder Low-Carb-Mahlzeiten ganz einfach. Und das geht so ...

Optimal vorbereitet: Meal Prep sei Dank

Meal Prep ist in aller Munde – kein Wunder, schließlich hilft es uns dabei, gesünder zu essen und gleichzeitig auch noch jede Menge Zeit zu sparen. Und das, obwohl der aus dem Englischen stammende Begriff »Meal Prepping« eigentlich nichts anderes meint als das Vorbereiten und Vorkochen von Mahlzeiten.

Meal Prep ist für all diejenigen ideal, die darauf achten möchten, was auf den Tisch kommt. Schließlich locken gerade unterwegs oder wenn es schnell gehen soll viele ungesunde Snacks oder schwere Kantinenmahlzeiten. Insbesondere dann, wenn wir uns nach dem Low-Carb-Konzept ernähren, lassen sich auf die Schnelle außerdem meist keine kohlenhydratarmen Alternativen finden. Oft stehen unterwegs nämlich nur Snacks zur Verfügung, die so gar nicht zu einer kohlenhydratarmen Ernährung passen und gute Vorsätze schnell scheitern lassen.

Warum also nicht »Vorarbeiten« und leckere, gesunde und kohlenhydratarme Mahlzeiten einfach vorbereiten, wenn wir Zeit dafür haben? So sind leckere Low-Carb-Gerichte auch unterwegs, am Abend oder auf der Arbeit schnell greifbar und es fällt gleich viel leichter, gute Vorsätze einzuhalten, auf eine optimale Nährstoff- und Kalorienzufuhr zu achten und gesünder und bewusster zu essen. Klar, dass sich das schon nach kurzer Zeit nicht nur auf der Waage, sondern auch durch mehr Energie und Leistungsfähigkeit bemerkbar macht.

Aber Meal Prep hilft uns nicht nur dabei, Ernährungsgewohnheiten zu verbessern, unsere Ernährung Low-Carb-tauglich umzustellen oder unterwegs nicht in die Kohlenhydratfalle zu tappen. Vielmehr ist das Vorbereiten und Vorkochen von Mahlzeiten auch ein optimaler Weg, um Einkaufs- und Kochstress zu reduzieren und jede Menge Zeit zu sparen.

»Meal Prep« – was genau ist das überhaupt?

Wie schon angesprochen, kommt der Begriff »Meal Prep« aus dem Englischen und meint eigentlich nichts anderes als das Vorbereiten und Vorkochen von Mahlzeiten. Praktisch in Boxen portioniert und verpackt können diese dann nach Feierabend oder auch unterwegs immer dann auf den Tisch kommen, wenn sie gebraucht werden.

Das ist nicht nur praktisch, weil es uns den Gang in die Kantine oder den Griff zu Fertigmahlzeiten erspart. Auch wissen wir so ganz genau, was in den einzelnen Mahlzeiten drinsteckt und können Kalorien- und Nährstoffgehalt sowie die Kohlenhydratmenge, die wir täglich zu uns nehmen möchten, optimal im Auge behalten. Ist immer eine leckere Alternative zur Hand, können uns ungesunde oder süße Snacks oder Fast Food viel weniger locken und es fällt automatisch leichter, gute Ernährungsvorsätze in die Tat umzusetzen, eine Diät einzuhalten oder einfach auf eine gesündere, ausgewogenere Ernährung zu achten.

Und auch eine Modeerscheinung ist Meal Prep nicht. Obwohl in den sozialen Netzwerken aktuell als Food-Trend gepriesen, setzen Sportler schon lange darauf, Mahlzeiten längerfristig zu planen und vorzubereiten. So gelingt es nämlich auch Personen beispielsweise mit einem erhöhten Protein- und Nährstoffbedarf, die Zusammensetzung ihrer Mahlzeiten im Blick zu behalten und Trainingserfolge so zu maximieren. Und auch in Japan gehört es bereits seit Jahrhunderten zum guten Ton, sein eigenes Mittagessen vorbereitet in einer Box unterwegs oder auf der Arbeit mit dabei zu haben. Allerdings sprechen Japaner dann nicht von Meal Prep, sondern von einer traditionellen Bento-Box (Buchtipp: *Bento für jeden Tag* von Makiko Itho).

Wieso eigentlich auch noch Low Carb?

Das Vorbereiten von Mahlzeiten – vielleicht für zwei Tage oder sogar für eine ganze Woche – hilft dabei, Koch- und Einkaufsstress zu minimieren. Ist einmal entschieden, welche Gerichte vorbereitet werden sollen, können wir uns für Einkauf und Vorbereitung genau dann Zeit nehmen, wenn wir etwas mehr davon zur Verfügung haben. An den Tagen, an denen es hektischer zugeht, müssen wir uns dann weder um Besorgungen noch ums Kochen kümmern. Das ist nicht nur praktisch, sondern sorgt oft ganz nebenbei dafür, auch in der Alltagshektik nicht zu ungesunden Snacks oder Fertiggerichten zu greifen.
So verbessern wir mithilfe von Meal Prep meist ganz automatisch unsere Ernährungsgewohnheiten und gewöhnen uns ein bewussteres Essverhalten an. Das ist bereits ein großer Vorteil. Aber warum genau müssen unsere Meal- Prep-Rezepte dann überhaupt auch noch Low Carb sein?
Das hat nicht etwa damit zu tun, dass Low Carb momentan in aller Munde ist. Vielmehr sind die vielen überzeugenden Vorteile einer kohlenhydratreduzierten Ernährung Grund dafür, unsere Meal-Prep-Rezepte Low Carb zu gestalten.
Low Carb steht dabei für nichts anderes als eine kohlenhydratreduzierte Ernährung. Zwar wird dabei nicht ganz auf den Hauptnährstoff verzichtet, sein Anteil an unserer Ernährung sollte aber bei nicht mehr als 20 Prozent liegen.
Für unseren Speiseplan bedeutet das, dass zum Beispiel auf

- Fast Food,
- Süßigkeiten,
- Brot, Backwaren, Nudeln und andere Weißmehlprodukte,
- süße Getränke wie Fruchtsaft und Limonade,
- Fertiggerichte,
- panierte Speisen und
- Light-Produkte

weitestgehend verzichtet werden sollte.
Aber warum das Ganze? Schließlich sind Kohlenhydrate doch wichtig und werden von unserem Körper zur Energiegewinnung benötigt? Das stimmt zwar – allerdings sind Kohlenhydrate nicht essenziell. Das bedeutet, dass sie nicht zwingend über die Nahrung aufgenommen werden müssen. Denn sie können durch andere Nährstoffverbindungen (beispielsweise Fette oder Proteine) hergestellt werden. Das Ersetzen von Kohlenhydraten hat dabei aber nicht nur keinen »Kohlenhydratmangel« zur Folge, sondern bringt vielmehr sogar verschiedenste Vorteile mit sich:

Fitter ohne Carbs

Viele Untersuchungen und Studien zeigen, dass ein übermäßiger Kohlenhydratkonsum das körperliche Wohlbefinden nachhaltig beeinträchtigt. Das gilt insbesondere dann, wenn große Kohlenhydratmengen in Form von Zucker aufgenommen werden.

Schließlich kann eine zu hohe Aufnahme von Kohlenhydraten – durch ihre Auswirkungen auf unseren Blutzucker- und Insulinspiegel – Heißhunger auslösen und sogar Krankheiten wie Diabetes begünstigen. Außerdem stehen Kohlenhydrate unserem Körper als besonders »schnelle Energie« zur Verfügung – das bedeutet jedoch auch, dass unser Körper keinen Grund dafür hat, unerwünschte Fettpolster in Energie umzuwandeln. »Fehlen« die über die Nahrung aufgenommenen Kohlenhydrate jedoch, fällt es uns leichter, ungeliebte Fettpolster endlich loszuwerden.

Straffer und sportlicher ohne Carbs

Reduzieren wir die täglich aufgenommene Kohlenhydratmenge, erhöht sich damit gleichzeitig die Aufnahme anderer Makronährstoffe (Proteine und Fett). Wie schon angesprochen, hilft das unserem Körper unter anderem dabei, Körperfett zur Energiegewinnung heranzuziehen und so unerwünschte Speckröllchen zu minimieren.

Zusätzlich hat eine höhere Proteinzufuhr jedoch auch positive Auswirkungen auf sportliche Erfolge: Schließlich sind Proteine der Stoff, aus dem unsere Muskeln gemacht sind – und eine erhöhte Proteinzufuhr hilft dementsprechend in Verbindung mit Sport bei Erhalt und Aufbau von Muskulatur. Mehr Muskeln wiederum verhelfen uns ihrerseits zu einem strafferen Körper und einem jugendlicheren Erscheinungsbild.

Seltener krank dank Low Carb

Senkt sich unsere Kohlenhydrataufnahme, stabilisiert das unseren Insulinspiegel. Praktisch ist das nicht nur, um Heißhunger vorzubeugen. Gleichzeitig reduziert ein stabilerer Insulinspiegel Entzündungsmarker im Blut und macht uns somit weniger krankheitsanfällig.

Mehr Power mit Low Carb

Wie schon gesehen, verändern sich durch eine Reduktion der Kohlenhydrataufnahme automatisch unsere Essgewohnheiten. Statt zu Weißmehlprodukten und nährstoffarmem Fast Food greifen wir öfter zu vollwertigen Lebensmitteln, frischem Fleisch und Fisch und knackigem Gemüse. Toller Nebeneffekt: Frischere Lebensmittel stecken voller wertvoller Mikronährstoffe und verleihen uns so deutlich mehr Energie und Vitalität!

Möchten wir uns diese Vorteile sichern, sollte die täglich aufgenommene Kohlenhydratmenge bei etwa 20 bis maximal 70 Gramm liegen. Klar, dass es, um dieses Ziel einhalten zu können, besonders wichtig ist zu wissen, was überhaupt auf den Tisch kommt. Logischerweise gelingt die Ermittlung des Kalorien- sowie Kohlenhydratgehalts selbst zubereiteter Speisen aber viel leichter, als bei Snacks und Mahlzeiten aus Kantine oder Supermarkt. Und genau das macht Meal Prep und Low-Carb-Ernährung zu einem so guten Team.

Meal Prep Low Carb – darauf kommt es an

Sinnvolles Planen und Vorkochen mehrerer Mahlzeiten spart Zeit und bares Geld – schließlich können wir uns von nun an stressiges Vorbereiten und Kochen nach Feierabend sparen und es landet nur noch das im Einkaufswagen, was auch wirklich gebraucht wird. Immerhin besteht ein wesentlicher Teil von Meal Prep gerade im Vorausplanen unserer Mahlzeiten – und das hilft dabei, genau festzulegen, welche Lebensmittel wir überhaupt benötigen. Teure Spontankäufe und überzählige, schließlich verdorbene Lebensmittel haben so keine Chance mehr. Damit es mit dem Planen und Vorbereiten gleich mehrerer Mahlzeiten auch wirklich klappt, sollte allerdings Schritt für Schritt vorgegangen werden:

1. Sinnvoll planen und langsam starten

Prinzipiell können mit Meal Prep Mahlzeiten für die ganze Woche oder auch nur für einige Tage vorbereitet werden. Ganz nach Bedarf können dabei Frühstück, Mittag- oder Abendessen sowie auch mehrere Mahlzeiten vorgekocht bzw. vorbereitet werden. Für welche Variante man sich entscheidet, hängt davon ab, an welchen Tagen und bei welchen Mahlzeiten üblicherweise besonders wenig Zeit für die Zubereitung bleibt.

Für Meal-Prep-Einsteiger ist es jedoch am einfachsten, anfänglich erst einmal nur eine Meal-Prep-Mahlzeit auszuwählen. Nach Belieben kann das auch bei Meal-Prep-Startern Frühstück, Mittag- oder Abendessen sein.

Ist die Entscheidung für die Lieblings-Meal-Prep-Mahlzeit gefallen, geht es an die Auswahl des passenden Rezepts. Hierbei sollte, wenn nur ein Rezept für mehrere Portionen verwendet wird, darauf geachtet werden, dass sich das ausgewählte Gericht nach dem Zubereiten und Portionieren einfrieren

lässt – oder es sich um etwas handelt, das man wirklich an mehreren Tagen in Folge essen möchte.
Ist das passende Gericht gefunden, stellt sich die Frage, wie viele Portionen hiervon zubereitet werden sollen bzw. für wie viele Tage im Voraus gekocht werden soll. Ist das klar, steht auch fest, welche Zutatenmengen eingekauft werden müssen.

2. Einen Meal-Prep-Tag auswählen und maßvoll einkaufen

Steht einmal fest, was in welcher Menge gekocht werden soll, kann als nächster Schritt eine Einkaufsliste erstellt werden. Das hilft nicht nur, nichts zu vergessen, sondern auch dabei, verantwortungsvoller mit Nahrungsmitteln umzugehen und nur das zu kaufen, was auch wirklich benötigt wird.

Übrigens: Obwohl kohlenhydratarme Meal-Prep-Lebensmittel einfach und unkompliziert im Supermarkt eingekauft werden können, lohnt auch ein Besuch auf dem Wochenmarkt. Regionales Bio-Gemüse und Fleisch lassen sich hier besonders frisch ergattern.
Sinnvollerweise sollte der Einkauf so geplant werden, dass es danach direkt an die Zubereitung des oder der Gerichte gehen kann. Hierfür sollte ein Tag ausgesucht werden, an dem etwas mehr Freizeit zur Verfügung steht. Schließlich ist es wenig sinnvoll und erfolgversprechend, die ersten Meal-Prep-Versuche an einem stressigen Arbeitstag »einzuschieben«. Das macht schließlich keinen Spaß und lässt die Motivation schnell schwinden.

Besser ist es stattdessen, einen entspannteren Tag auszuwählen – so kann das gemeinsame Kochen vielleicht auch zu einem Familien-Event werden, das auch Kindern Spaß macht.
Übrigens: Selbst dann, wenn Mahlzeiten für eine ganze Woche »gepreppt« werden, müssen hierfür maximal 2–3 Std. aufgewendet werden. Und auch Aufräumen und Putzen nehmen nur einmal

Zeit in Anspruch – würden aber alle Mahlzeiten täglich frisch zubereitet werden, wäre das viel zeitaufwendiger. Man kann den Einkauf bestimmter Zutaten in größeren Mengen vornehmen, die Zubereitungen sinnvoll zusammenlegen und außerdem mit Basisrezepten Variationen erstellen. So lässt sich mit Meal Prep ganz nebenbei auch noch jede Menge Zeit einsparen und bei der Essensvielfalt kommt keine Langeweile auf!

3. Die richtigen Meal-Prep-Behälter

Sind das Lieblingsgericht oder auch gleich mehrere Gerichte vorbereitet, geht es ans Verpacken. Schließlich sollen die Mahlzeiten ja für ein paar Tage aufbewahrt werden, um immer dann zur Hand zu sein, wenn sie gebraucht werden. Abgesehen davon, dass hierzu selbstverständlich geeignete Aufbewahrungsgefäße gebraucht werden, spielt beim Verpacken und Aufbewahren der Mahlzeiten auch die richtige Portionsgröße eine Rolle. Hierbei sollte insbesondere der Kalorien- und Kohlenhydratgehalt einzelner Rezepte beachtet und die Mahlzeiten gleich portioniert werden – so klappt es schließlich auch mit der Kohlenhydratbilanz.

Besonders gut verpacken lassen sich die vorbereiteten Gerichte dann in Gefaße aus Glas oder Plastik. Sinnvoll ist es bei der Verwendung von Plastikgefäßen jedoch, darauf zu achten, dass sie sowohl tiefkühl- als auch mikrowellengeeignet sind. So können vorbereitete Gerichte bereits portioniert eingefroren und ohne Umfüllen wieder aufgetaut werden.

Praktisch ist es außerdem, wenn sich Boxen oder Gläser im Kühl- oder Gefrierschrank leicht stapeln lassen. Das nimmt weniger Platz weg und sorgt für Ordnung.

4. Richtig aufbewahren

Einmal portioniert und abgepackt, geht es an die Aufbewahrung der vorbereiteten Low-Carb-Gerichte. Selbstverständlich sind auch diese nicht ewig haltbar – gut gekühlt können sie jedoch meist problemlos einige Tage aufbewahrt

werden. Das gilt zumindest dann, wenn die vorbereiteten Gerichte nicht zu lange im Warmen stehen gelassen und erst nach vollständigem Auskühlen in den Kühlschrank gestellt werden.

Als Faustregel gilt dabei:

- Gekochte oder gebratene Lebensmittel halten sich 3–4 Tage im Kühlschrank (Ausnahme: Fisch!). Ist eine längere Haltbarkeit gewünscht, sollten sie eingefroren werden.
- Frische, rohe Lebensmittel sollten zeitnah innerhalb von 2–3 Tagen nach der Zubereitung verzehrt werden. Zum Einfrieren sind diese Gerichte meist weniger gut geeignet.

Besonders gut einfrieren lassen sich:

- Fleisch
- vorbereitete Eintöpfe und Aufläufe,
- Eiweißbrot
- Blumenkohlreis
- Nudeln aus Zucchini
- Früchte und Gemüse (am besten im Ganzen): Beeren, Spargel, Bohnen, Tomaten
- Früchte und Gemüse (am besten in Stücken): Avocado, Karotten, Blumenkohl und Brokkoli
- Kräuter

Weniger gut einfrieren lassen sich:

- Milchprodukte
- Früchte und Gemüse mit hohem Wasseranteil

Was hält sich wie lange?

Keine Sorge, auch vorbereitete Speisen bleiben im Kühlschrank meist unerwartet lange frisch und lecker. Und wenn etwas einmal länger aufbewahrt werden

Lebensmittel	Hält sich im Kühlschrank für ...	Hält sich im Gefrierfach für ...
Gekochte/gebratene Fleischprodukte	3–5 Tage	4–6 Monate
Eintöpfe oder Suppen	3–4 Tage	2–3 Monate
Gekochte/gebratene Geflügelprodukte	3–4 Tage	4–6 Monate
Gekochte/gebratene Fischgerichte	1–2 Tage	4–6 Monate
Hart gekochte Eier	1–2 Wochen	Einfrieren nicht empfohlen
Brot/Brötchen		4–6 Monate

soll, lassen sich viele Lebensmittel auch gut einfrieren.

Diese Tabelle (S. 18) enthält Richtwerte, die variieren können. Gerade beim Einfrieren ist es gut möglich, dass sich das Gericht noch viel länger hält. Allerdings kann es durch eine lange Einfrierzeit an Geschmack verlieren.

Tipps zum Einfrieren und Auftauen

- Viele Mahlzeiten, die in Ofen oder Mikrowelle zubereitet oder aufgewärmt werden, können direkt in einem Glas- oder Aluminiumbehälter eingefroren werden und dann ohne Umwege aus dem Gefrierfach in den Ofen wandern.
- Werden Lebensmittel nur kurz eingefroren, können sie auch in Plastikfolie verpackt werden. Bei längerer Einfrierdauer sind jedoch Alufolie oder ein spezieller Gefrierbeutel besser geeignet.
- Bei der Lagerung sollte darauf geachtet werden, frische Gerichte im hinteren Teil des Gefrierfachs zu lagern. So geraten ältere Mahlzeiten nicht in Vergessenheit.
- Vorbereitete Mahlzeiten sollten mit dem Einfrier- bzw. Zubereitungsdatum beschriftet werden. Zwar halten sich die meisten Gerichte im Gefrierfach für mindestens zwei Monate – jedoch aber auch nicht ewig.
- Gefrorene Mahlzeiten erst antauen lassen und dann erhitzen – so garen sie gleichmäßig.
- Gefrorene Lebensmittel besser nicht bei Zimmertemperatur auftauen lassen. Beim Auftauen im Kühlschrank oder in der Mikrowelle haben Krankheitserreger schließlich viel weniger Chancen.

Tipps zur Zusammenstellung der Mahlzeiten

Bei Meal Prep sind der Fantasie prinzipiell keine Grenzen gesetzt. Vorbereitet werden darf grundsätzlich das, was schmeckt, und, wenn man sich Low Carb ernähren möchte, in die Kohlenhydratbilanz passt. Wie oben bereits erwähnt, ist dabei lediglich zu beachten, dass sich rohe Lebensmittel weniger lange aufbewahren lassen als gekochte oder gebratene Gerichte.
Damit jedoch nicht nur eine leckere, sondern auch eine ausgewogene Meal-Prep-Mahlzeit entsteht, sollte bei der Auswahl der Gerichte außerdem auf ihre Zusammensetzung aus den drei Makronährstoffen (Proteine, Kohlenhydrate und Fette) geachtet werden. Dabei sollten alle drei Komponenten enthalten sein – Kohlenhydrate sollten bei einer Low-Carb-Ernährung jedoch nur 20 Prozent ausmachen und zudem vorzugsweise aus einer komplexen Kohlenhydratquelle stammen.

Bei der Zusammenstellung von kohlenhydratarmen Meal-Prep-Gerichten kann dabei beispielsweise aus diesen Komponenten gewählt werden:

Proteine

- Fleisch wie z. B. Schwein, Rind, Pute, Wild
- Fisch und Meeresfrüchte
- Eier
- Milchprodukte wie z. B. Milch, Joghurt, Quark, Käse
- Tofu

Kohlenhydrate

- Stärkearmes Gemüse wie z. B. Blumenkohl, Salatgurke, Spargel, Zucchini
- Salate wie Kopfsalat, Rucola, Endivien
- Beeren wie Erdbeeren, Heidelbeeren, Himbeeren

Fette

- Kokosöl
- Olivenöl
- Nüsse und Kerne
- Nussbutter und -mus (Mandelmus, Erdnussbutter etc.)
- Nussmilch, Mandelmilch
- Avocado
- Eigelb

Grundrezepte für Meal Prep Low Carb

Low-Carb-Alternativen für Nudeln und Reis

Nudeln und Reis werden oft als Beilage bei Meal-Prep-Mahlzeiten verwendet. Diese Kohlenhydratbomben lassen sich aber Low-Carb-tauglich ersetzen:

Low-Carb-Nudeln

Leckere Alternativen zu Spaghetti, Bandnudeln und Co. lassen sich leicht und gesund selber herstellen. Hierfür sind weder viel Aufwand noch besondere Gerätschaften notwendig. Stattdessen lässt sich leckere, bunte Gemüsepasta leicht aus festen Gemüsearten wie Zucchini, Karotten, Kohlrabi oder auch Roter Bete herstellen. Hierfür muss das rohe Gemüse nach dem Waschen lediglich mit dem Sparschäler oder einem praktischen Spiralschneider in die gewünschte Bandnudel- oder Spaghettiform gebracht werden. Anschließend können die Gemüsenudeln einfach 2–4 Min. in Salzwasser oder der gewünschten Sauce gekocht werden – fertig. Besonders praktisch: Die rohen Gemüsenudeln lassen sich in einem Gefrierbeutel auch sehr gut einfrieren.

Übrigens: In asiatischen Supermärkten und im Internet findet sich Konjakpasta, die herkömmliche Teigwaren kohlenhydratarm ersetzt. Im Falle der Konjaknudeln sollte davon abgesehen werden, bereits zubereitete Gerichte einzufrieren.

Reis mal anders

Reis ist eine leckere und sättigende Beilage zu vielen Gerichten – leider aber auch ziemlich kohlenhydratreich. Wie er sich aber ganz einfach, gesund und Low-Carb freundlich ersetzen lässt, ist schon längst kein Geheimnis mehr. Schließlich muss es ja nicht immer die »herkömmliche« Reisvariante aus dem Supermarkt sein:

Eine kohlenhydratarme, leckere und gleichzeitig auch besonders gesunde Reisalternative lässt sich nämlich aus Blumenkohl oder auch Brokkoli zaubern. Zur Herstellung der leckeren Low-Carb-Beilage wird das Gemüse einfach von seinen Blättern befreit, kurz gewaschen und in kleine Röschen zerteilt. Nun kann das rohe Gemüse einfach in einer leistungsstarken Küchenmaschine zu kleinen Körnchen – die optisch an Reis erinnern – zerkleinert werden.

Der so hergestellte gesunde Gemüsereis kann dann entweder direkt in der Pfanne mit wenig Fett angebraten oder etwa 7 Min. in Salzwasser oder direkt in der gewünschten Sauce gekocht werden.

Selbstverständlich lässt sich der leckere Gemüsereis aber auch optimal vorbereiten. Schließlich kann Blumenkohl- oder auch Brokkolireis im rohen Zustand und in einen Gefrierbeutel verpackt einfach eingefroren werden und steht so immer dann zur Verfügung, wenn er gebraucht wird.

Konjakreis

Konjakreis ist weniger bekannt als die beliebten Reisalternativen aus Blumenkohl oder Brokkoli. Unter echten Low-Carb-Insidern erfreut sich aber auch die asiatische Reisalternative bereits großer Beliebtheit.

Aus dem Mehl der asiatischen Konjakwurzel hergestellt, sind die kleinen Körner, die fast genauso wie »echter" Reis aussehen, fast komplett kalorien- und kohlenhydratfrei und lassen sich auch noch sehr schnell zubereiten:

Anders als herkömmlicher Reis wird Konjakreis nämlich nicht trocken, sondern in Wasser eingelegt verkauft und aufbewahrt. Da das Wasser bei der Lagerung jedoch den etwas eigentümlichen Geruch der Konjakwurzel annimmt, ist es wichtig, den Reis vor seiner Zubereitung gründlich abzuspülen. Das lässt den merkwürdigen Eigengeruch sofort verschwinden.

Anschließend können die fast geschmacksneutralen Konjakreiskörnchen dann einfach 2–3 Min. in der Pfanne gebraten oder 1–3 Min. in einer Sauce nach Wahl erwärmt werden. Kochen ist hier nicht erforderlich!

Aber Achtung: Einmal zubereitet, sollte der Konjakreis nicht eingefroren werden. Da er zu einem großen Teil aus Wasser besteht, kann sich durch das Gefrieren und Auftauen die Konsistenz des Produkts nachteilig verändern. Ist der Konjakreis jedoch bereits verarbeitet oder die Packung geöffnet, kann er – eventuell erneut in Wasser/Sauce eingelegt – problemlos einige Tage im Kühlschrank aufbewahrt werden.

Fleisch abwechslungsreich mariniert – perfekt vorbereitet

Fleisch ist nicht nur eine hervorragende Protein- und Nährstoffquelle, sondern lässt sich auch im Rahmen einer Low-Carb-Ernährung besonders vielseitig zubereiten. Praktischerweise können Hähnchen-, Rind- oder Putenfleisch außerdem auch besonders gut vorbereitet und eingefroren werden. So sind sie bereits portioniert immer dann griffbereit, wenn es ans Grillen (Empfehlung: Tischgrill) oder Braten gehen soll.

Einziger Nachteil dabei: Auch ein leckeres Hähnchenbrust- oder Rinderfilet werden auf die Dauer ganz schön langweilig, wenn man sie stets auf die gleiche Art und Weise zubereitet. Abhilfe schaffen da leckere Marinaden, die sich leicht vorbereiten und gemeinsam mit dem Fleisch einfach einfrieren lassen. So sind abwechslungsreiche und Low-Carb-taugliche Geschmackserlebnisse garantiert.

Leicht zuzubereiten und besonders lecker sind beispielsweise:

- Senf-Limetten-Marinade (4 EL Dijon-Senf, 6 EL Öl, 1 Schalotte in kleinen Würfeln, Pfeffer, Salz und Saft einer Limette)

- Tomaten-Chili-Marinade (4 EL Tomatenmark, 4 EL Öl, 1 Schalotte in kleinen Würfeln, Chilipulver, Paprikapulver, Salz, Pfeffer)
- Zitronenmarinade (Saft von 2 Zitronen, 6 EL Öl, 2 durchgepresste Knoblauchzehen, Paprikapulver, Salz, Pfeffer)

Und so geht's

500 g Fleisch (Hähnchen, Pute, Rind, Kalb, Schwein, Lamm) einfach zusammen mit der Lieblingsmarinade in einen Gefrierbeutel geben. Nach Wunsch kann das Fleisch dabei am Stück gelassen oder in Streifen oder Würfel geschnitten verwendet werden. Anschließend kann das Fleisch, mit der Marinade in einem Gefrierbeutel verschlossen, eingefroren werden – auch während des Einfrierens nimmt das Fleisch den Geschmack der Marinade an!
Soll es dann ans Zubereiten gehen, kann das marinierte Fleisch einige Stunden zuvor aus dem Gefrierfach genommen, im Kühlschrank aufgetaut und anschließend wie gewohnt zubereitet werden.

Zum Umgang mit diesem Buch

Beim Meal Prepping sind der Fantasie keine Grenzen gesetzt. Probieren Sie einfach etwas aus und entdecken Sie so Ihre persönlichen Lieblingsgerichte.
Zu jedem Rezept finden Sie Tipps zu Aufbewahrung und Kombinationen sowie die Angabe der Nährwerte.
Im Praxisteil erwarten Sie unterschiedliche Meal-Prep-Pläne zum Nachmachen und als Anregung für eigene Zusammenstellungen.
Abkürzungen bei den Nährwertangaben:

- Kcal steht für Kilokalorien,
- KH für Kohlenhydrate,
- F für Fett,
- P für Protein.

Außerdem sind vegetarische und glutenfreie Rezepte mit den folgenden Symbolen übersichtlich gekennzeichnet:

vegetarisch
vegan
glutenfrei

Glutenfrei: Bitte achten Sie bei Ihren Produkten immer auf das Etikett, besonders bei Schokolade, Käse, Gemüsebrühe, Kakaopulver, Gewürzen etc. Auch wenn diese Zutaten meist frei von Gluten sind, können von den Herstellern bestimmte Zusätze verwendet werden, die nicht glutenfrei sind.

Praxisteil: Jetzt geht's los!

In diesem Abschnitt zeige ich Ihnen in abwechslungsreichen Wochenplänen, wie Meal Prep in der Praxis funktioniert. Unter www.gomealprep.de finden Sie weitere Rezepte, Empfehlungen zu den richtigen Aufbewahrungsboxen, eine Zutatenübersicht und eine Wochenplan-Vorlage zum Ausfüllen.

Welcher Meal-Prep-Typ bin ich?

Faktor Zeit

Meal Prep bietet viele Vorteile, unter anderem auch Zeitersparnis. Man muss nicht so oft einkaufen und täglich lange am Herd oder Backofen stehen.

Zunächst sollten Sie sich fragen, wie Sie Meal Prep in Ihren Alltag integrieren möchten.

Die Meal-Prep-Arten mit Vor- und Nachteilen

Meal Prep mini

Vorteile:

- Es ist weniger Vorplanung nötig, da nur eine Mahlzeit pro Tag ersetzt wird, zum Beispiel Frühstück oder Abendessen.
- Am Meal-Prep-Tag muss weniger Zeit in die Zubereitung investiert werden.
- Sie müssen nicht so häufig einkaufen.
- Sie sind bei den Mahlzeiten flexibler, können auch mal Spontankäufe nach Lust und Laune tätigen (z. B. frische Erdbeeren zum Dessert oder Zucchininudeln als Beilage).

Nachteile:

- Für die Zubereitung der Mahlzeiten muss unter der Woche mehr Zeit investiert werden, Sie müssen also öfter kochen.
- Sie müssen öfter einkaufen und laufen Gefahr, eher ungesunde Spontaneinkäufe zu tätigen.
- Ohne Vorplanung verfällt man schnell in alte Muster und kauft dann zum Beispiel doch schnell mal einen Döner, anstatt selbst zu kochen.

Meal Prep maxi
Vorteile:
- Sie müssen unter der Woche nicht so häufig einkaufen.
- Der Großteil der Gerichte ist bereits vorbereitet, so sparen Sie viel Zeit unter der Woche in der Küche.
- Ein bestimmtes Ernährungsziel zu verfolgen ist leichter (z. B. abnehmen, gesünder essen).
- Sie vermeiden Spontaneinkäufe von Fast Food oder ungesunden Snacks, weil das Essen bereits vorbereitet ist und Sie nicht erst kochen müssen.

Nachteile:
- Für die Zubereitung am Meal-Prep-Tag brauchen Sie mehr Zeit.
- Sie müssen mindestens einen Großeinkauf tätigen.
- Sie müssen gut planen.
- Sie sind weniger flexibel bei den Mahlzeiten, da die Gerichte bereits vorbereitet sind. Die Diagramme auf S. 25/26 bilden schematisch den Zeitaufwand für die jeweilige Meal-Prep-Art ab.

Finden Sie zwischen Meal Prep mini und Meal Prep maxi den Weg, der für Sie machbar ist und zu Ihrem Lebensstil passt.

Hier noch mal die wichtigsten Punkte für Ihre Planung

Mit etwas Übung wird man schnell zum Könner – langsam starten!

Damit Sie sich mit der Planung nicht gleich überfordern, sollten Sie mit einer Mahlzeit beginnen. Wenn Sie zum Beispiel morgens keine Zeit haben, ein Frühstück vorzubereiten, oder sich lieber etwas zum Frühstück in die Arbeit mitnehmen, dann starten Sie mit dem Frühstück!

Haben Sie abends keine Zeit und Lust zu kochen und greifen deswegen immer zur schnellen, aber oft auch ungesunden Lösung? Dann starten Sie mit dem Abendessen!

Planung ist alles

- Suchen Sie sich Ihre Rezepte aus, notieren Sie die entsprechenden Seitenzahlen und schreiben Sie Ihre Einkaufsliste.

- Wählen Sie einen Termin für Einkauf und Vorbereitung der Speisen.
- Unsere Empfehlung, die Sie natürlich jederzeit Ihrem Alltag anpassen können, ist: Einkauf am Samstag und Zubereitung der Speisen am Sonntag. Machen Sie daraus eine neue Routine mit Ihrem Partner oder Ihrer Familie. Gemeinsames Kochen macht Spaß!
- Falls Sie ein Gefrierfach zur Verfügung haben, können Sie alle Zutaten an einem Tag vor dem Meal-Prep-Tag einkaufen. Sollte Ihr Meal-Prep-Tag kein Sonntag sein, können Sie natürlich auch das Einkaufen und Vorbereiten am gleichen Tag erledigen. Wenn Sie frisches Obst, Gemüse und Salat verwenden und auch keine Gefriertruhe zur Verfügung haben, sollten Sie mindestens einen weiteren Einkauf unter der Woche einplanen.
- Schreiben Sie sich anfangs einen Plan in Stichpunkten, was Sie wann erledigen sollten. Auch dazu finden Sie hier im Praxisteil ein ausführliches Beispiel.
- Machen Sie sich in Ihrem Kalender eine kurze Notiz, wann Sie zum Beispiel eine Mahlzeit zum Auftauen aus dem Gefrierfach nehmen oder die Overnight Oats für den nächsten Tag ansetzen sollten. So sind Sie immer gut organisiert!

Behälter und Aufbewahrung vorbereiten

- Machen Sie sich schon vorab Gedanken darüber, in welche Behälter Sie die Speisen füllen möchten.
- Sorgen Sie dafür, dass Einmachgläser, Küchenbehälter etc. keine Rückstände enthalten, denn dadurch können heiß abgefüllte Speisen schneller verderben.
- Legen Sie sich Gefrierbeutel, Küchenbehälter, Gläser etc. griffbereit zurecht.

Kühlschrank oder Gefrierfach

Bitte lesen Sie die generellen Hinweise zur Aufbewahrung in Kühlschrank und Gefrierfach auf S. 18/19 durch.

Überlegen Sie sich anhand des Plans, was Sie als Erstes essen möchten und dadurch nur im Kühlschrank lagern müssen, und was Sie in die Gefriertruhe geben sollten.

Mit einem Gefrierfach kann man eine Woche Meal Prep besser abdecken. Für alle, die »nur« einen Kühlschrank zur Verfügung haben, empfehle ich mindestens einen weiteren Einkauf-/Meal-Prep-Tag gegen Mitte der Woche. Die Mahlzeiten könnten sonst verderben oder stark an Geschmack und Frische verlieren.

Meal-Prep-Grundzutaten

Einige Grundzutaten sollten Sie bereits in Ihrer Küche vorrätig haben:

- Gewürze nach Belieben wie Salz, Pfeffer, Paprikapulver, Chilipulver oder -flocken, Currypulver, Zimt

- Getrocknete Kräuter oder Tiefkühlkräuter nach Belieben wie Basilikum, Oregano, Petersilie, Gartenkräuter
- Essig oder Apfelessig
- Öl, beispielsweise Olivenöl, Kokosöl, anderes Pflanzenöl
- Low-Carb-Süßungsmittel nach Wahl wie Xylit oder Erythrit
- Kakaopulver
- Backpulver
- Vanillepulver, gemahlene Vanille

Meal-Prep-Wochenpläne – Vom Einsteiger zum Profi

Die Pläne zeigen Beispiele für Mini-, Midi- und Maxi-Meal-Prep. Fangen Sie langsam mit dem Ersetzen einer Mahlzeit an – schon bald können Sie anspruchsvolle Meal-Prep-Pläne anwenden und selbst clever kombinieren.

Die ersten vier Wochenpläne sind teilweise sehr ausführlich mit Bedarfslisten und zeitlichem Ablauf, damit Sie einen Blick für das Wesentliche bekommen. Wie plane ich die Woche richtig? Welche Rezepte kann ich gut kombinieren? Welche Vorbereitungen kann ich zusammenlegen? Darunter fällt zum Beispiel, mehrere Portionen Blumenkohlreis oder Ofengemüse zuzubereiten. Wie kann ich die Backzeit eines Gerichts sinnvoll ausnutzen? Wann muss ich einen Zwischeneinkauf oder weiteren Meal-Prep-Tag einbauen, wenn ich zum Beispiel kein Gefrierfach zu Hause habe?

Danach sollten Sie in der Lage sein, die restlichen Wochenpläne mit unseren Mahlzeitenvorschlägen selbstständig an Ihre Bedürfnisse angepasst durchzuführen oder auch eigene Pläne zusammenzustellen. Für einen guten Überblick über die Rezepte dieses Buches finden Sie ab S. 153 eine Aufstellung nach Kategorien.

In den einzelnen Plänen gehen wir auf verschiedene Voraussetzungen ein, darunter zum Beispiel wie man eine Fünf-Tage-Arbeitswoche mit Mahlzeiten abdeckt, wenn man mittags nur kalte Gerichte oder Salate mitnimmt, weil keine Aufwärmmöglichkeit zur Verfügung steht.

Die Mahlzeiten sind abwechslungsreich geplant, damit man nicht fünfmal in der Woche die gleichen Gerichte essen muss. Unter der Woche sind dann nur noch ein paar letzte Handgriffe nötig, wie die Beeren auf den Chia-Pudding zu geben oder die Mahlzeit zu erwärmen.

Die Pläne reichen von einfachen (kurze Meal-Prep-Zeit, nur einzelne Mahlzeiten werden vorbereitet) bis zu aufwendigeren Kombinationen (längere Meal-Prep-Zeit, mehrere Mahlzeiten für jeden Tag werden vorbereitet).

Viel Spaß und Erfolg beim Nachkochen!

Wochenplan 1

Vorhaben und Voraussetzungen

- Sie starten langsam und bereiten sich für 2 Wochen von Montag bis Samstag das Frühstück vor.
- Ein Gefrierfach ist vorhanden.
- Die Nuss-Mandel-Riegel sollten kühl aufbewahrt werden und halten bis zu 2 Wochen, müssen also nicht eingefroren werden.
- Die Oatmeal Cups sind bis zu 6 Tage im Kühlschrank haltbar. Sie lagern sechs Stück im Kühlschrank und die restlichen sechs Stück frieren Sie für die zweite Woche ein. Unter der Woche muss dann nur noch darauf geachtet werden, die Oatmeal Cups rechtzeitig zum Auftauen herauszulegen.

Sa	Planung für die Woche und Einkauf nach Bedarfsliste (S. 30)
So	Meal-Prep-Tag (S. 33)
Mo	2 Stück Oatmeal Cups (S. 32)
Di	1 Stück Nuss-Mandel-Riegel (S. 31)
Mi	2 Stück Oatmeal Cups (S. 32)
Do	1 Stück Nuss-Mandel-Riegel (S. 31)
Fr	2 Stück Oatmeal Cups (S. 32)
Sa	1 Stück Nuss-Mandel-Riegel (S. 31)

So	Abends: Oatmeal Cups zum Auftauen aus dem Gefrierfach nehmen
Mo	2 Stück Oatmeal Cups (S. 32)
Di	1 Stück Nuss-Mandel-Riegel (S. 31) Abends: Oatmeal Cups zum Auftauen aus dem Gefrierfach nehmen
Mi	2 Stück Oatmeal Cups (S. 32)
Do	1 Stück Nuss-Mandel-Riegel (S. 31) Abends: Oatmeal Cups zum Auftauen aus dem Gefrierfach nehmen
Fr	2 Stück Oatmeal Cups (S. 32)
Sa	1 Stück Nuss-Mandel-Riegel (S. 31)

Bedarfsliste

- ☐ 240 ml Mandelmilch
- ☐ 1 kleiner Apfel
- ☐ 2 Eier
- ☐ 40 g ganze Haselnüsse
- ☐ 40 g ganze Mandeln
- ☐ 20 g gehackte Walnüsse
- ☐ 190 g gehobelte Mandeln
- ☐ 100 g Kokos-Chips
- ☐ 3 EL Kokosmehl
- ☐ 1 1/2 TL Backpulver
- ☐ 15 g Chiasamen
- ☐ 20 g Kokosraspel
- ☐ 15 g Flohsamenschalenpulver
- ☐ 1 EL + 60 g Xylit
- ☐ Salz
- ☐ Zimt

Die Rezepte der Woche

Nuss-Mandel-Riegel

Für 6 Stück
Pro Stück: 206 kcal / 2,1 g KH / 16,5 g F / 4,9 g P

- 40 g ganze Haselnüsse
- 40 g ganze Mandeln
- 40 g gehobelte Mandeln
- 20 g gehackte Walnüsse
- 15 g Chiasamen
- 20 g Kokosraspel
- 60 g Xylit
- 15 g Flohsamenschalenpulver

1. Den Backofen auf 180 °C Umluft vorheizen.
2. Die ganzen Haselnüsse und ganzen Mandeln mit der Küchenmaschine grob zerkleinern. Danach mit den gehobelten Mandeln, Walnüssen, Chiasamen sowie den Kokosraspeln vermengen.
3. Xylit, Flohsamenschalenpulver und 50 ml Wasser unterrühren und 5 Min. quellen lassen.
4. Die klebrige Masse auf ein mit Backpapier ausgelegtes Blech oder in eine eckige Backform streichen (1–1½ cm hoch) und im Ofen 25–30 Min. backen.
5. Die Platte nach der Backzeit aus dem Ofen holen und in sechs gleich große Stücke schneiden. Die Müsliriegel dann abkühlen lassen.

Tipps und Aufbewahrung:

Die Nuss-Mandel-Riegel sollten kühl aufbewahrt werden und halten bis zu 2 Wochen.

Oatmeal Cups

Für 12 Stück / 6 Portionen
Pro Stück: 165 kcal / 5,4 g KH / 13,2 g F / 5,3 g P

- 150 g gehobelte Mandeln
- 100 g Kokos-Chips
- 2 Eier
- 1 EL Xylit
- 3 EL Kokosmehl
- 1 1/2 TL Backpulver
- 2 TL Zimtpulver
- 1/2 TL Salz
- 240 ml Mandelmilch
- 1 kleiner Apfel
- Fett oder Papiermuffinförmchen für die Form

1. Den Backofen auf 180 °C Umluft vorheizen.
2. Gehobelte Mandeln und Kokos-Chips grob zerkleinern. In eine Schüssel geben und mit Eiern, Xylit, Kokosmehl, Backpulver, 1 ½ TL Zimt, Salz und Mandelmilch verrühren.
3. Den Apfel waschen, trocken tupfen, vierteln, das Kerngehäuse entfernen und das Fruchtfleisch in kleine Stücke schneiden. Die Hälfte der Apfelstücke unter den Teig heben.
4. Ein Muffinblech fetten oder mit Muffinförmchen auslegen und gleichmäßig mit dem Teig befüllen. Restliche Apfelstücke darauf verteilen und leicht eindrücken. Die Muffins mit ½ TL Zimt bestreuen und im heißen Ofen etwa 20 Min. backen.

Tipps und Aufbewahrung:

Die Oatmeal Cups sind bis zu 6 Tage im Kühlschrank haltbar.

Meal-Prep-Tag im zeitlichen Überblick

Diese Arbeiten werden parallel ausgeführt:

<table>
<tr><td colspan="2">Backofen auf 180 °C Umluft vorheizen.</td></tr>
<tr><td>10 Min./Vorbereitung Nuss-Mandel-Riegel (S. 31)
Zubereitungsschritte 2–4

Im Ofen 25–30 Min. backen (obere Schiene).</td><td>10 Min./Vorbereitung Oatmeal Cups (S. 32)
Zubereitungsschritte 2 6

(Zu Nuss-Mandel-Riegeln in den Ofen schieben)</td></tr>
<tr><td colspan="2">Nach dem Backen Nuss-Mandel-Riegel und Oatmeal Cups aus dem Ofen nehmen.</td></tr>
<tr><td colspan="2">5 Min.
Die Nuss-Mandel-Riegel noch warm in sechs gleich große Stücke schneiden.
Später nach dem vollständigen Abkühlen: Nuss-Mandel-Riegel in einen Aufbewahrungsbehälter geben und kühl lagern.
Sechs Oatmeal Cups in einer Aufbewahrungsdose in den Kühlschrank legen, die restlichen sechs Stück einfrieren.</td></tr>
</table>

Meal-Prep-Zeit für Wochenplan 1: ca. 45 Min. Davon etwa 25 Min. aktive Zubereitungszeit (ohne Back- oder Abkühlzeit).

Wochenplan 2

Vorhaben und Voraussetzungen

- Sie bereiten für eine Arbeitswoche (5 Tage) Abendessen vor, das man nur noch aufwärmen muss, wenn man nach Hause kommt.
- Diese Woche zeigt eine Planung ohne Gefrierfach.
- Mit der Bedarfsliste 1 bereiten Sie den Großteil der benötigten Zutaten für die Woche vor, z. B. trockene Zutaten und solche, die man in größeren Mengen kaufen und bis zum 2. Meal-Prep-Tag gut lagern kann. So muss am Mittwoch nur noch frischer Rucola laut Bedarfsliste 2 besorgt und das Essen für Donnerstag und Freitag zubereitet werden.

	Abendessen
Sa	Planung für die Woche und Einkauf nach Bedarfsliste 1 (S. 35)
So	Meal-Prep-Tag (S. 39)
Mo	1 Portion Zucchini-Enchiladas Thunfisch-Variante (S. 36)
Di	1 Portion Zucchini-Enchiladas Schafskäse-Tomaten-Variante (S. 36)
Mi	1 Portion Zucchini-Enchiladas Hähnchen-Variante (S. 36) Einkauf nach Bedarfsliste 2 (S. 41) und Meal-Prep-Tag 2 (S. 44)
Do	1 Portion Gefülltes Omelette (S. 42)
Fr	1 Portion Omelette-Schinken-Rollen (S. 43)

Bedarfsliste 1

- ☐ 120 g Hähnchenbrustfilet
- ☐ 100 g gekochter Schinken in Scheiben
- ☐ 1 Dose Thunfisch im eigenen Saft (ca. 150 g)
- ☐ 150 g Schafskäse (leicht)
- ☐ 120 g gehobelter Parmesan
- ☐ 2 EL Frischkäse
- ☐ 5 Eier
- ☐ 3 mittelgroße Zucchini à ca. 300 g
- ☐ 250 g + 4 Kirschtomaten
- ☐ 1/2 rote Zwiebel
- ☐ 1 kleines Bund frischer Schnittlauch oder 2 EL TK-Schnittlauch
- ☐ 3 Stängel frische Petersilie oder 1 EL TK-Petersilie
- ☐ 4 EL Tomatenmark
- ☐ 1 TL Guarkernmehl
- ☐ 1 TL Gemüsebrühepulver
- ☐ 1 TL Knoblauchgranulat
- ☐ 1 1/2 TL Zwiebelgranulat
- ☐ 2 EL Mineralwasser mit Kohlensäure
- ☐ 2 EL Olivenöl
- ☐ 2 TL Öl (z. B. Rapsöl)

Gewürze:

- ☐ Cayennepfeffer
- ☐ Chilipulver
- ☐ Paprikapulver
- ☐ gemahlener Kreuzkümmel
- ☐ getrockneter Oregano
- ☐ Salz, Pfeffer
- ☐ Erythrit (braun)

Die Rezepte der Woche

Zucchini-Enchiladas

Für 3 Varianten mit je 1 Portion

Für 1 Portion mit Thunfischfüllung:
Pro Portion: 467 kcal / 14,8 g KH / 20,1 g F / 59,6 g P

Für 1 Portion mit Hähnchenfüllung:
Pro Portion: 418 kcal / 15,5 g KH / 19,5 g F / 45,4 g P

Für 1 Portion mit Schafskäse-Tomaten-Füllung:
Pro Portion: 469 kcal / 17 g KH / 26,9 g F / 40,1 g P

Zutaten für die Enchilada-Sauce:
2 EL Olivenöl
1 TL Guarkernmehl
1 EL Chilipulver
1/2 EL Paprikapulver
1 TL Cayennepfeffer
1 TL Knoblauchgranulat
1 1/2 TL Zwiebelgranulat
1/2 TL gemahlener Kreuzkümmel
1 TL getrockneter Oregano
1 TL Salz
1/2 TL schwarzer Pfeffer, gemahlen
1 1/2 EL Erythrit (braun)
4 EL Tomatenmark
1 TL Gemüsebrühepulver

Zutaten für die Enchiladas:
3 mittelgroße Zucchini à ca. 300 g
Salz
1 Dose Thunfisch im eigenen Saft (ca. 150 g)
Pfeffer
1/2 rote Zwiebel
120 g Hähnchenbrustfilet
100 g Schafskäse (leicht)
4 Kirschtomaten
120 g gehobelter Parmesan
1 kleines Bund frischer Schnittlauch oder 2 EL TK-Schnittlauch
3 Stängel frische Petersilie oder 1 EL TK-Petersilie

1. Für die Sauce das Olivenöl in einem Topf erhitzen. Das Guarkernmehl einrühren, sämtliche Gewürze bis einschließlich Erythrit hinzufügen und kurz anbraten.
2. Das Tomatenmark hinzufügen, 500 ml Wasser aufgießen und das Gemüsebrühepulver einrühren. Die Sauce 10–15 Min. bei geringer Hitze köcheln lassen. Dabei gelegentlich umrühren.
3. Für die Enchiladas die Zucchini waschen, trocken tupfen und mit einem Schäler dünne Scheiben abschälen. Diese auf einem Bogen Backpapier auslegen und beidseitig mit Salz bestreuen. Die Zucchinischeiben 10 Min. ruhen lassen, anschließend ausgetretene Flüssigkeit abtupfen.
4. Während die Zucchini ruhen, die Füllungen vorbereiten. Für die erste Füllung den Thunfisch abgießen, in einer Pfanne ohne Öl mit Salz und Pfeffer würzen und bei großer Hitze kurz anbraten. Die Zwiebel schälen und längs in Scheiben schneiden. Diese zusamen mit dem Thunfisch in eine Schüssel geben, vermischen und beiseitestellen.
5. Den Backofen auf 180 °C Umluft vorheizen. Für die zweite Füllung das Hähnchenbrustfilet in Stücke schneiden, ebenfalls in einer Pfanne ohne Öl mit Salz und Pfeffer würzen und bei großer Hitze kurz anbraten, beiseitestellen.
6. Für die dritte Füllung den Schafskäse grob würfeln. Kirschtomaten waschen, trocken tupfen und vierteln. Die Tomatenstücke mit dem Schafskäse vermischen, salzen und pfeffern, beiseitestellen.

→

7. Jeweils drei Zucchinischeiben längs übereinander platzieren, sodass die Scheiben sich dabei überlappen. Je ein kurzes Ende der Zucchiniplatten mit einer der drei Füllungen belegen, ca. 1–2 EL der Enchilada-Sauce darauf verteilen und die Zucchinischeiben aufrollen. Diesen Vorgang für alle Zucchinischeiben wiederholen. Die Röllchen nebeneinander in eine hitzebeständige Form füllen. Die verschiedenen Varianten eventuell durch einen Streifen Alufolie voneinander trennen.
8. Die restliche Enchilada-Sauce auf den Röllchen gleichmäßig verteilen und den Parmesan darüberstreuen. Den Auflauf auf mittlerer Schiene im Backofen für ca. 15 Min. backen, bis der Parmesan geschmolzen ist.
9. Schnittlauch waschen, trocken schütteln und grob hacken. Petersilie waschen, trocken schütteln und die Blätter abzupfen. Enchiladas mit Schnittlauch und Petersilie garnieren.

Tipps und Aufbewahrung:

Die Enchiladas nach Varianten abportionieren und im Kühlschrank lagern. Dort sind sie bis zu 4 Tage lang haltbar.

Meal-Prep-Tag 1 im zeitlichen Überblick

Diese Arbeiten werden parallel ausgeführt:

<table>
<tr>
<td>20 Min./Zubereitung Enchilada-Sauce (S. 37); Zubereitungsschritte 1–2:

Für die Sauce das Olivenöl in einem Topf erhitzen. Das Guarkernmehl einrühren, sämtliche Gewürze bis einschließlich Erythrit hinzufügen und kurz anbraten.

Das Tomatenmark hinzufügen, 500 ml Wasser aufgießen und das Gemüsebrühepulver einrühren. Die Sauce 10–15 Min. bei geringer Hitze köcheln lassen. Dabei gelegentlich umrühren.</td>
<td>15 Min./Zucchinischeiben vorbereiten (S. 37); Zubereitungsschritt 3:

Für die Enchiladas die Zucchini waschen, trocken tupfen und mit einem Schäler dünne Scheiben abschälen. Diese auf einem Bogen Backpapier auslegen und beidseitig mit Salz bestreuen. Die Zucchinischeiben 10 Min. ruhen lassen, anschließend ausgetretene Flüssigkeit abtupfen.</td>
</tr>
<tr>
<td colspan="2">20 Min./Füllungen der Zucchini-Enchiladas zubereiten (S. 37); Zubereitungsschritte 4–6:</td>
</tr>
<tr>
<td>Während die Zucchini ruhen, die Füllungen vorbereiten. Für die erste Füllung den Thunfisch abgießen, in einer Pfanne ohne Öl mit Salz und Pfeffer würzen und bei großer Hitze kurz anbraten. Die Zwiebel schälen und längs in Scheiben schneiden. Diese zusamen mit dem Thunfisch in eine Schüssel geben, vermischen und beiseitestellen.

Den Backofen auf 180 °C Umluft vorheizen. Für die zweite Füllung das Hähnchenbrustfilet in Stücke schneiden, ebenfalls in einer Pfanne ohne Öl mit Salz und Pfeffer würzen und bei großer Hitze kurz anbraten, beiseitestellen.</td>
<td>Für die dritte Füllung den Schafskäse grob würfeln. Kirschtomaten waschen, trocken tupfen und vierteln. Die Tomatenstücke mit dem Schafskäse vermischen, salzen und pfeffern, beiseitestellen.</td>
</tr>
</table>

<table>
<tr><td colspan="2">15 Min./Zucchini-Enchiladas fertigstellen (S. 38); Zubereitungsschritte 7–8:

Jeweils drei Zucchinischeiben längs übereinander platzieren, sodass die Scheiben sich dabei überlappen. Je ein kurzes Ende der Zucchiniplatten mit einer der drei Füllungen belegen, ca. 1–2 EL der Enchilada-Sauce darauf verteilen und die Zucchinischeiben aufrollen. Diesen Vorgang für alle Zucchinischeiben wiederholen. Die Röllchen nebeneinander in eine hitzebeständige Form füllen. Die verschiedenen Varianten eventuell durch einen Streifen Alufolie voneinander trennen.

Die restliche Enchilada-Sauce auf den Röllchen gleichmäßig verteilen und den Parmesan darüberstreuen.</td></tr>
<tr><td>15 Min./Zucchini-Enchiladas backen
Den Auflauf auf mittlerer Schiene im Backofen für ca. 15 Min. backen, bis der Parmesan geschmolzen ist.</td><td>Schnittlauch waschen, trocken schütteln und grob hacken. Petersilie waschen, trocken schütteln und die Blätter abzupfen.</td></tr>
<tr><td colspan="2">5 Min.
Nach dem vollständigen Auskühlen in drei Aufbewahrungsbehälter nach Variante aufteilen, mit gehacktem Schnittlauch und Petersilie garnieren und in den Kühlschrank stellen.</td></tr>
</table>

Tätigkeiten für Meal-Prep-Tag 1 sind in ca. 1 Std. 15 Min. durchgeführt und somit ist das Abendessen von Montag bis Mittwoch vorbereitet.

Bedarfsliste 2

☐ 100 g Rucola

Gefülltes Omelette und Omelette-Schinken-Rolle

Zutaten für beide Varianten:
5 Eier
2 EL Mineralwasser mit Kohlensäure
Salz, Pfeffer
250 g Kirschtomaten
100 g Rucola

1. Die Eier mit Mineralwasser, Salz und Pfeffer verquirlen.
2. Die Tomaten waschen und abtrocknen. Den Rucola waschen und trocken schleudern.

(Foto s. S. 42/43)

Gefülltes Omelette

Für 1 Portion

Pro Portion: 386 kcal / 7,1 g KH / 27,3 g F / 28,1 g P

1 TL Öl (z. B. Rapsöl)
½ Menge Eiermasse, siehe Grundzutaten, S. 41
½ Menge Kirschtomaten, siehe Grundzutaten, S. 41 (ca. 125 g)
50 g Schafskäse (leicht)
½ Menge Rucola, siehe Grundzutaten, S. 41 (ca. 50 g)

1. Öl in einer Pfanne erhitzen, die Eiermasse in die Pfanne geben und bei geringer Hitze langsam durchstocken lassen.
2. Währenddessen die Tomaten halbieren und den Schafskäse würfeln.
3. Tomatenhälften, Schafskäsewürfel und Rucola auf eine Hälfte des Omelettes geben und die andere Seite darüberklappen.

Tipps und Aufbewahrung:

Hält sich im Kühlschrank 2–3 Tage.

Omelette-Schinken-Rollen

Für 1 Portion
Pro Portion: 433 kcal / 8,3 g KH / 25,8 g F / 41,4 g P

1 TL Öl (z. B. Rapsöl)
1/2 Menge Eiermasse, siehe Grundzutaten, S. 41
2 EL Frischkäse (leicht)
100 g gekochter Schinken in Scheiben
1/2 Menge Rucola, siehe Grundzutaten, S. 41 (ca. 50 g)
1/2 Menge Kirschtomaten, siehe Grundzutaten, S. 41 (ca. 125 g)

1. Das Öl in einer Pfanne erhitzen und eine kleine Menge Eiermasse in die Pfanne geben, damit nur eine dünne Schicht den Pfannenboden bedeckt.
2. Omelette nach 2–3 Min. wenden und die andere Seite ausbacken. Den Vorgang so lange wiederholen, bis die Eiermasse aufgebraucht ist.
3. Omelettes abkühlen lassen und danach dünn mit Frischkäse bestreichen, mit Schinken, Rucola und Tomaten belegen und aufrollen.

Tipps und Aufbewahrung:

Für die Lunchbox oder auch als Fingerfood in ca. 2–3 cm breite Stücke schneiden und Holzspieße einstecken.
Hält sich im Kühlschrank 2–3 Tage.

Meal-Prep-Tag 2 im zeitlichen Überblick

10 Min./Grundzutaten für Gefülltes Omelette und Omelette-Schinken-Rollen vorbereiten (S. 41); Zubereitungsschritt 1–2: Die Eier mit Mineralwasser, Salz und Pfeffer verquirlen. Die Tomaten waschen und abtrocknen. Den Rucola waschen und trocken schleudern.
10 Min./Gefülltes Omelette fertigstellen (S. 42); Zubereitungsschritt 1–3: Öl in einer Pfanne erhitzen, die Eiermasse in die Pfanne geben und bei geringer Hitze langsam durchstocken lassen. Währenddessen die Tomaten halbieren und den Schafskäse würfeln. Tomatenhälften, Schafskäsewürfel und Rucola auf eine Hälfte des Omelettes geben und die andere Seite darüberklappen.
15 Min./Omelette-Schinken-Rollen fertigstellen (S. 43); Zubereitungsschritt 1–3: Das Öl in einer Pfanne erhitzen und eine kleine Menge Eiermasse in die Pfanne geben, damit nur eine dünne Schicht den Pfannenboden bedeckt. Omelette nach 2–3 Min. wenden und die andere Seite ausbacken. Den Vorgang so lange wiederholen, bis die Eiermasse aufgebraucht ist. Omelettes abkühlen lassen und danach dünn mit Frischkäse bestreichen, mit Schinken, Rucola und Tomaten belegen und aufrollen.
5 Min. Nach dem vollständigen Auskühlen in zwei Aufbewahrungsbehälter aufteilen und in den Kühlschrank stellen.

Die Tätigkeiten für Meal-Prep-Tag 2 sind in ca. 40 Min. durchgeführt und das Abendessen ist für Donnerstag und Freitag vorbereitet.

Wochenplan 3

Vorhaben und Voraussetzungen

- Sie bereiten für eine Woche Frühstück und Abendessen für 5 Tage zu.
- In der Arbeit gibt es gute Essensmöglichkeiten wie z. B. eine Salatbar.
- Mit der Bedarfsliste 1 bereiten Sie den Großteil der benötigten Zutaten für die Woche vor, z. B. trockene Zutaten und solche, die man in größeren Mengen kaufen und bis zum 2. Meal-Prep-Tag gut lagern kann. So müssen am Mittwoch nur noch frische Beeren laut Bedarfsliste 2 besorgt und der Chia-Pudding für Donnerstag und Freitag zubereitet werden.
- Diese Woche zeigt eine Planung mit Gefrierfach.

	Frühstück	**Abendessen**
Sa	Planung für die Woche und Einkauf nach Bedarfsliste 1 (S. 46)	
So	Meal-Prep-Tag 1 (S. 53)	
Mo	1 Portion Porridge (S. 52)	1 Portion Gemüse-Hackbällchen-Auflauf (S. 47)
Di	1 Portion Porridge (S. 52)	1 Portion Blumenkohl-Nuggets (S. 49) mit Tomatenketchup (S. 51)
Mi	1 Portion Porridge (S. 52) Einkauf nach Bedarfsliste 2 (S. 56) und Meal-Prep-Tag 2 (S. 58)	1 Portion Gemüse-Hackbällchen-Auflauf (S. 47)
Do	1 Portion Beeren-Chia-Pudding (S. 57)	1 Portion Blumenkohl-Fritters-Burger (S. 50) mit Tomatenketchup (S. 51)
Fr	1 Portion Beeren-Chia-Pudding (S. 57)	1 Portion Gemüse-Hackbällchen-Auflauf (S. 47)

Es bleiben noch 10 Portionen Tomatenketchup übrig. Dieses hält sich 2–3 Wochen und kann in den nächsten Wochen aufgebraucht werden.

Bedarfsliste 1

- ☐ 400 g Hackfleisch
- ☐ 150 g Mozzarella
- ☐ 100 g geriebener Parmesan
- ☐ 40 g Emmentaler am Stück
- ☐ 450 g griechischer Joghurt
- ☐ 2 Eier
- ☐ 450 ml Mandelmilch
- ☐ 2 Paprikaschoten (z. B. rot und gelb)
- ☐ 500 g Zucchini
- ☐ 1 Karotte
- ☐ 1 Blumenkohl (ca. 500 g)
- ☐ 1 Tomate (z. B. Fleischtomate)
- ☐ 100 g Cherrytomaten
- ☐ 1 Zwiebel
- ☐ 1 Schalotte oder ½ Zwiebel
- ☐ 2 Knoblauchzehen
- ☐ 2 EL gehackte TK-Petersilie
- ☐ 1 Zweig Rosmarin
- ☐ 1 Dose gehackte Tomaten (ca. 400 g)
- ☐ 300 g passierte Tomaten
- ☐ 2 EL Tomatenmark
- ☐ 10 EL Chiasamen
- ☐ 3 EL Erythrit + 1 TL Erythrit oder Xylit
- ☐ 100 g gemahlene Mandeln
- ☐ 2 EL Guarkernmehl
- ☐ 2 EL Essig (z. B. Apfelessig)
- ☐ 1 EL + 1 TL Öl (z. B. Rapsöl)

Gewürze:

- ☐ gemahlene Vanille
- ☐ Salz, Pfeffer
- ☐ edelsüßes und rosenscharfes Paprikapulver
- ☐ Chilipulver
- ☐ getrockneter Oregano

Die Rezepte der Woche

Gemüse-Hackbällchen-Auflauf

Für 3 Portionen
Pro Portion: 552 kcal / 20 g KH / 31,9 g F / 40,3 g P

- 400 g Hackfleisch
- 1 Ei
- 1 EL Guarkernmehl
- 1 EL gehackte TK-Petersilie
- Salz, Pfeffer
- 1 EL Öl (z. B. Rapsöl)
- 1 Zwiebel
- 1 Knoblauchzehe
- 2 Paprikaschoten (z. B. rot und gelb)
- 500 g Zucchini
- 1 Karotte
- 1 Zweig Rosmarin
- 300 g passierte Tomaten
- ½ TL Oregano, getrocknet
- 100 g Mozzarella
- 100 g Cherrytomaten

→

1. Das Hackfleisch mit Ei, Guarkernmehl und Petersilie gleichmäßig verkneten. Die Masse mit Salz und Pfeffer abschmecken und kleine, etwa 3 cm große Bällchen daraus formen.
2. Das Öl in einer Pfanne erhitzen und die Hackbällchen darin von allen Seiten scharf anbraten. Dann auf einen Teller geben und beiseitestellen.
3. Zwiebel und Knoblauch schälen und in kleine Würfel schneiden. Paprikaschoten waschen, entkernen und würfeln. Zucchini waschen und in Stücke schneiden. Die Karotte waschen, schälen, der Länge nach halbieren und in dünne Scheiben schneiden.
4. Das Bratfett der Hackbällchen in der Pfanne erneut erhitzen und Zwiebel- und Knoblauchstücke darin goldbraun andünsten. Den Rosmarinzweig waschen und trocken schütteln, zu Zwiebel und Knoblauch in die Pfanne geben.
5. Nach und nach Paprika, Zucchini und Karotte hinzugeben und mit andünsten. Dann mit den passierten Tomaten ablöschen und mit Salz, Pfeffer sowie Oregano abschmecken.
6. Den Backofen auf 180 °C Umluft vorheizen. Den Rosmarinzweig aus der Pfanne nehmen und den Pfanneninhalt in eine gefettete Auflaufform umfüllen.
7. Mozzarella abtropfen lassen, in dünne Scheiben schneiden und auf dem Gemüse verteilen.
8. Cherrytomaten waschen, halbieren und mit den Hackbällchen gleichmäßig auf dem Mozzarella verteilen.
9. In den Backofen geben und 25–30 Min. backen.

Blumenkohl-Nuggets und -Fritters

Zutaten für den Basisteig:
1 Blumenkohl (ca. 500 g)
1 Ei
100 g geriebener Parmesan
1 EL Guarkernmehl
1 EL TK-Petersilie
Salz, Pfeffer

1. Blumenkohl putzen (Strunk kann auch mitverwendet werden) und raspeln oder mit einer Küchenmaschine reiskorngroß zerkleinern.
2. Das Ei verquirlen. Parmesan, Ei, Guarkernmehl und Petersilie vermengen und mit Salz und Pfeffer würzen.
3. Die Hälfte des Teiges zu Nuggets (S. 49), die andere Hälfte zu Fritters (S. 50) verarbeiten.

Blumenkohl-Nuggets

Für 1 Portion
Pro Portion: 456 kcal / 8,4 g KH / 28,6 g F / 38,9 g P

40 g Emmentaler am Stück
1/2 Menge Blumenkohlteig (S. 49)

1. Den Backofen auf 180 °C Umluft vorheizen.
2. Den Emmentaler in grobe Würfel schneiden.
3. Aus dem Blumenkohl-Basisteig mit nassen Händen kleine Bällchen formen und die Käsewürfel in die Mitte drücken. Dann die Öffnung verschließen und die Nuggets auf ein mit Backpapier ausgelegtes Backblech geben.
4. In den Ofen schieben und 20 Min. backen.

Tipp:

Dazu passt selbst gemachtes Tomatenketchup (S. 51). Die Blumenkohl-Nuggets kann man auch z. B. mit Würstchen- oder Schinkenstücken füllen.

Blumenkohl-Fritters-Burger

Für 1 Portion / 2 Stück
Pro Portion: 442 kcal / 11,4 g KH / 26,9 g F / 36,7 g P

½ Menge Blumenkohlteig (S. 49)
1 Tomate (z. B. Fleischtomate)
50 g Mozzarella

1. Den Backofen auf 180 °C Umluft vorheizen.
2. Aus dem Blumenkohlteig mit nassen Händen etwa vier gleich große Teigfladen formen und auf ein mit Backpapier ausgelegtes Backblech geben.
3. Die Fladen im Ofen 15 Min. backen.
4. Während der Backzeit die Tomate waschen und in Scheiben schneiden. Den Mozzarella abtropfen lassen und auch in Scheiben schneiden.
5. Nach 15 Min. Backzeit die Blumenkohl-Fritters wenden. Zwei Fritters mit Tomaten- und Mozzarellascheiben belegen. Die anderen beiden Fritters als Deckel aufsetzen und die Burger weitere 5 Min. backen.

Tipp:

Dazu passt selbst gemachtes Tomatenketchup (S. 51). Die Blumenkohl-Fritters kann man auch anders füllen, z. B. mit Schinken, Salami oder Paprika.

Tomatenketchup

Für ca. 400 g / mindestens 12 Portionen
Pro Portion: 31 kcal / 4,3 g KH / 0,7 g F / 1,3 g P

1 Schalotte oder ½ Zwiebel
1 Knoblauchzehe
1 TL Öl (z. B. Rapsöl)
1 Dose gehackte Tomaten (ca. 400 g)
2 EL Tomatenmark
2 EL Essig (z. B. Apfelessig)
1 TL Erythrit oder Xylit
Salz, Pfeffer
edelsüßes und rosenscharfes Paprikapulver
Chilipulver

1. Schalotte und Knoblauchzehe schälen und fein hacken.
2. Das Öl in einem kleinen Topf erhitzen und Schalotten- und Knoblauchwürfel darin andünsten.
3. Alle übrigen Zutaten hinzufügen und die Sauce aufkochen lassen. Ketchup bei geringer Hitze ca. 15 Min. köcheln lassen. Dabei mehrmals umrühren.
4. Fertiges Ketchup bis zur gewünschten Konsistenz pürieren und noch heiß in ein Einmachglas oder mit einem Trichter in eine Flasche abfüllen.

Tipps und Aufbewahrung:

Das Ketchup hält sich im Kühlschrank 2–3 Wochen.

Porridge

Für 3 Portionen
Pro Portion: 395 kcal / 6,9 g KH / 32,1 g F / 13,9 g P

- 250 ml Mandelmilch
- 4 EL Chiasamen
- 2 EL Erythrit
- 1 Prise gemahlene Vanille
- 100 g gemahlene Mandeln
- 300 g griechischer Joghurt

1. Mandelmilch, 300 ml Wasser, Chiasamen, Erythrit, Vanille und gemahlene Mandeln in einen Topf geben, kurz aufkochen lassen und dann bei geringer Hitze ca. 10 Min. köcheln lassen. Falls der Brei zu dickflüssig wird, noch etwas Wasser hinzufügen. Porridge immer wieder umrühren und danach abkühlen lassen.
2. Den Joghurt einrühren und den Porridge bei Bedarf noch etwas nachsüßen.
3. Porridge in drei Portionen aufteilen (z. B. in Einmachgläser). Den Porridge kann man kalt oder warm genießen.

Tipps und Aufbewahrung:

Der Porridge hält sich im Kühlschrank 3–4 Tage.
Dazu schmecken ca. 50 g Beeren pro Portion (z. B. als TK-Variante kaufen und am Tag des Verzehrs einrühren und mit erwärmen) und z. B. gehackte Nüsse. Beeren erst kurz vor dem Verzehr hinzufügen.

Meal-Prep-Tag 1 im zeitlichen Überblick

Diese Arbeiten werden parallel ausgeführt:

15 Min./Zubereitung Hackbällchen (S. 47); Zubereitungsschritt 1–2: Das Hackfleisch mit Ei, Guarkernmehl und Petersilie gleichmäßig verkneten. Die Masse mit Salz und Pfeffer abschmecken und kleine, etwa 3 cm große Bällchen daraus formen. Das Öl in einer Pfanne erhitzen und die Hackbällchen darin von allen Seiten scharf anbraten. Dann auf einen Teller geben und beiseitestellen.	10 Min. /Gemüse vorbereiten (S. 48); Zubereitungsschritt 3: Zwiebel und Knoblauch schälen und in kleine Würfel schneiden. Paprikaschoten waschen, entkernen und würfeln. Zucchini waschen und in Stücke schneiden. Die Karotte waschen, schälen, der Länge nach halbieren und in dünne Scheiben schneiden
20 Min./Auflauf vorbereiten (S. 47); Zubereitungsschritte 4–7: Das Bratfett der Hackbällchen in der Pfanne erneut erhitzen und Zwiebel- und Knoblauchstücke darin goldbraun andünsten. Den Rosmarinzweig waschen und trocken schütteln, zu Zwiebel und Knoblauch in die Pfanne geben. Nach und nach Paprika, Zucchini und Karotte hinzugeben und mit andünsten. Dann mit den passierten Tomaten ablöschen und mit Salz, Pfeffer sowie Oregano abschmecken. Den Backofen auf 180 °C Umluft vorheizen. Den Rosmarinzweig aus der Pfanne nehmen und den Pfanneninhalt in eine gefettete Auflaufform umfüllen. Mozzarella abtropfen lassen, in dünne Scheiben schneiden und auf dem Gemüse verteilen. Cherrytomaten waschen, halbieren und mit den Hackbällchen gleichmäßig auf dem Mozzarella verteilen.	

25–30 Min./Backzeit Gemüse-Hackbällchen-Auflauf Den Auflauf in den Backofen schieben und 25–30 Min. backen.	10 Min./Basisteig für die Blumenkohl-Nuggets und Fritters herstellen (S. 49); Zubereitungsschritte 1–3: Blumenkohl putzen (Strunk kann auch mitverwendet werden) und raspeln oder mit einer Küchenmaschine reiskorngroß zerkleinern. Das Ei verquirlen. Parmesan, Ei, Guarkernmehl und Petersilie vermengen und mit Salz und Pfeffer würzen. Die Hälfte des Teiges zu Nuggets (S. 49), die andere Hälfte zu Fritters (S. 50) verarbeiten.
	10 Min./Blumenkohl-Nuggets mit Käsefüllung (S. 49); Zubereitungsschritte 2–3: Den Emmentaler in grobe Würfel schneiden. Aus dem Blumenkohlteig mit nassen Händen kleine Bällchen formen und die Käsewürfel in die Mitte drücken. Dann die Öffnung verschließen und die Nuggets auf ein mit Backpapier ausgelegtes Backblech geben.
	10 Min./Blumenkohl-Fritters-Burger (S. 50); Zubereitungsschritt 2:
Gemüse-Hackbällchen-Auflauf aus dem Ofen nehmen und abkühlen lassen.	Aus dem Blumenkohlteig mit nassen Händen etwa vier gleich große Teigfladen formen und auf ein mit Backpapier ausgelegtes Backblech geben.
Bleche mit den Nuggets und den Fritters in den Ofen schieben.	

20 Min./Blumenkohl-Nuggets Backzeit Nuggets im heißen Ofen auf oberer Schiene 20 Min. backen.	15 Min./Blumenkohl-Fritters-Burger Backzeit Die Fladen im Ofen auf unterer Schiene 15 Min. backen.	5 Min./Blumenkohl-Fritters-Burger (S. 50); Zubereitungsschritt 4: Während der Backzeit die Tomate waschen und in Scheiben schneiden. Den Mozzarella abtropfen lassen und auch in Scheiben schneiden.
		20 Min./Tomatenketchup zubereiten (S. 51); Zubereitungsschritte 1–4: Schalotte und Knoblauchzehe schälen und fein hacken. Das Öl in einem kleinen Topf erhitzen und Schalotten- und Knoblauchwürfel darin andünsten.
	Nach 15 Min. Backzeit die Blumenkohl-Fritters wenden. Zwei Fritters mit Tomaten- und Mozzarellascheiben belegen. Die anderen beiden Fritters als Deckel aufsetzen und die Burger weitere 5 Min. backen.	Alle übrigen Zutaten hinzufügen und die Sauce aufkochen lassen. Ketchup bei geringer Hitze ca. 15 Min. köcheln lassen. Dabei mehrmals umrühren. Fertiges Ketchup bis zur gewünschten Konsistenz pürieren und noch heiß in ein Einmachglas oder mit einem Trichter in eine Flasche abfüllen.
Blumenkohl Nuggets nach 20 Min. Backzeit aus dem Ofen holen.	Blumenkohl-Fritters-Burger nach 20 Min. Backzeit aus dem Ofen holen.	→

	15 Min. Porridge zubereiten (S. 52); Zubereitungsschritt 1: Mandelmilch, 300 ml Wasser, Chiasamen, Erythrit, Vanille und gemahlene Mandeln in einen Topf geben, kurz aufkochen lassen und dann bei geringer Hitze ca. 10 Min. köcheln lassen. Falls der Brei zu dickflüssig wird, noch etwas Wasser hinzufügen. Porridge immer wieder umrühren und danach abkühlen lassen.	
10 Min. Nach dem Auskühlen Gemüse-Hackbällchen-Auflauf, Blumenkohl-Nuggets und Blumenkohl-Fritters-Burger in Aufbewahrungsbehälter verteilen. Eine Portion Auflauf und eine Portion Blumenkohl-Fritters-Burger in das Gefrierfach geben. Porridge noch fertigstellen (S. 52); Zubereitungsschritte 2–3: Den Joghurt einrühren und den Porridge bei Bedarf noch etwas nachsüßen. Porridge in drei Portionen aufteilen (z. B. in Einmachgläser) und in den Kühlschrank stellen. Tomatenketchup in den Kühlschrank stellen.		

Tätigkeiten für Meal-Prep-Tag 1 sind in ca. 2 Std. 10 Min. durchgeführt und damit sind das Frühstück von Montag bis Mittwoch und das Abendessen von Montag bis Freitag vorbereitet.

Bedarfsliste 2

☐ 150 g Beeren nach Wahl (z. B. Himbeeren, Brombeeren, Heidelbeeren)

Beeren-Chia-Pudding

Für 2 Portionen
Pro Portion: 299 kcal / 12,7 g KH / 19,2 g F / 9,5 g P

150 g Beeren nach Wahl (z. B. Himbeeren, Brombeeren, Heidelbeeren)
200 ml Mandelmilch
6 EL Chiasamen
1 EL Erythrit
1 Prise gemahlene Vanille
150 g griechischer Joghurt

1. Beeren waschen und abtropfen lassen. 100 g Beeren pürieren, den Rest in einen Aufbewahrungsbehälter in den Kühlschrank geben.
2. Beerenpüree mit Mandelmilch, Chiasamen, Erythrit, Vanille und Joghurt vermengen.
3. Danach in zwei Portionen aufteilen (z. B. in Einmachgläser) und in den Kühlschrank stellen.
4. Pudding vor dem Verzehr nochmals gut durchrühren und jeweils mit 25 g der vorbereiteten Beeren toppen.

Tipps und Aufbewahrung:

Hält sich im Kühlschrank 2–3 Tage.

Meal-Prep-Tag 2 im zeitlichen Überblick

10 Min./Zubereitung Beeren-Chia-Pudding (S. 57); Zubereitungsschritt 1–2:
Beeren waschen und abtropfen lassen. 100 g Beeren pürieren, den Rest in einen Aufbewahrungsbehälter in den Kühlschrank geben.
Beerenpüree mit Mandelmilch, Chiasamen, Erythrit, Vanille und Joghurt vermengen, danach in zwei Portionen aufteilen (z. B. in Einmachgläser) und in den Kühlschrank stellen.
Pudding vor dem Verzehr nochmals gut durchrühren und jeweils mit 25 g der vorbereiteten Beeren toppen.

Die Tätigkeiten für Meal-Prep-Tag 2 sind in ca. 10 Min. durchgeführt und das Frühstück für Donnerstag und Freitag ist vorbereitet.

Wochenplan 4

Vorhaben und Voraussetzungen

- Heiße Tassen für die Arbeit (5 Tage) werden vorbereitet.
- Es ist nur ein Wasserkocher in der Arbeit vorhanden.
- Diese Woche zeigt eine Planung ohne Gefrierfach.
- Mit der Bedarfsliste 1 kaufen Sie alle für diese Woche benötigten Zutaten ein. Am Mittwoch bereiten Sie die Heiße-Tassen-Variante 4 aber frisch zu.

	Mittagessen to go für die Arbeit
Sa	Planung für die Woche und Einkauf nach Bedarfsliste 1 (S. 60)
So	Meal-Prep-Tag 1 (S. 67)
Mo	1 Portion Heiße Tasse Variante 1 (S. 62) mit 1 Stück Feta-Tomaten-Muffin (S. 66)
Di	1 Portion Heiße Tasse Variante 2 (S. 63) mit 1 Stück Feta-Tomaten-Muffin (S. 66)
Mi	1 Portion Heiße Tasse Variante 3 (S. 64) mit 1 Stück Feta-Tomaten-Muffin (S. 66) Meal-Prep-Tag 2 (S. 69)
Do	1 Portion Heiße Tasse Variante 4 (S. 68) mit 1 Stück Feta-Tomaten-Muffin (S. 66)
Fr	1 Portion Heiße Tasse Variante 4 (S. 68) mit 1 Stück Feta-Tomaten-Muffin (S. 66)

Bedarfsliste 1

- ☐ 65 g Schinkenwürfel
- ☐ 2 Eier
- ☐ 120 g Quark
- ☐ 125 g Feta
- ☐ 50 g weiche Butter
- ☐ 2 kleine Zucchini + 80 g Zucchini
- ☐ 60 g Karotten
- ☐ 3 Frühlingszwiebeln
- ☐ 50 g Rotkohl
- ☐ 40 g gelbe Paprikaschote
- ☐ 40 g rote Paprikaschote
- ☐ 30 g Brokkoliröschen (roh oder gekocht)
- ☐ 2 Handvoll Babyspinat (je ca. 10 g)
- ☐ 1 kleines Bund Schnittlauch
- ☐ 80 g Erbsen (Dose oder TK)
- ☐ 70 g geschnittene Champignons (Dose)
- ☐ 90 g geräucherter Tofu
- ☐ 25 g Leinmehl
- ☐ 1/2 Päckchen Backpulver
- ☐ 1 EL Flohsamenschalenpulver
- ☐ 35 ml Coconut cuisine (Kokoscreme oder Kokosmilch; optional)
- ☐ 2 TL Sojasauce
- ☐ 1 EL Sesam- oder Olivenöl
- ☐ 2 EL Tomatenmark
- ☐ 5 TL Gemüsebrühepulver

Gewürze:

- ☐ Chilipulver oder -flocken
- ☐ edelsüßes Paprikapulver
- ☐ Salz, Pfeffer
- ☐ Currypulver
- ☐ getrockneter Oregano
- ☐ Knoblauchpulver

Die Rezepte der Woche

Heiße Tassen Variationen 1–3

2 kleine Zucchini
1 Frühlingszwiebel
1 kleines Bund Schnittlauch
50 g Rotkohl
70 g geschnittene Champignons (Dose)
1 Stück gelbe Paprikaschote (ca. 40 g)
1 Stück rote Paprikaschote (ca. 40 g)
2 Handvoll Babyspinat
90 g geräucherter Tofu
3 Gläser mit einem Fassungsvermögen von 400–500 ml
4 kleine Gläser à 30–40 ml für Schnittlauch-Frühlingszwiebel-Mischung und Coconut Cuisine

1. Zucchini waschen, putzen und mithilfe eines Spiralschneiders in Nudelform schneiden. Diese werden dann später auf die drei Gläser verteilt.
2. Die Frühlingszwiebel waschen, putzen und in feine Ringe schneiden. Schnittlauch waschen, trocken schütteln, fein hacken und zusammen mit den Frühlingszwiebeln auf drei kleine verschließbare Behälter aufteilen.
3. Den Rotkohl waschen und in Streifen schneiden. Die Champignons kurz abspülen und abtropfen lassen. Die Paprikastücke waschen und in Würfel schneiden. Den Babyspinat waschen und abtropfen lassen.
4. Tofu in Würfel schneiden.

Heiße Tasse Variante 1

Für 1 Portion
Pro Portion: 83 kcal / 10,4 g KH / 1,1 g F / 5,5 g P

1 TL Gemüsebrühe
Salz, Pfeffer
Currypulver
30 g Brokkoliröschen (roh oder gekocht)
1/3 der Zucchininudeln (siehe Ausgangszutaten, S. 61)
1/2 Menge des Rotkohls (siehe Ausgangszutaten, S. 61)
1/2 Menge der Champignons (siehe Ausgangszutaten, S. 61)
1/2 Menge der gelben Paprikaschote (siehe Ausgangszutaten, S. 61)
1/2 Menge der roten Paprikaschote (siehe Ausgangszutaten, S. 61)

1. Gemüsebrühepulver in ein wiederverschließbares Glas (siehe Ausgangszutaten, S. 61) geben. Salz, Pfeffer und Currypulver hinzufügen.
2. Brokkoli in kleine Röschen schneiden.
3. Zucchininudeln, Rotkohl, Champignons, Brokkoli und Paprika in das Glas einschichten.
4. Diesen mit dem Deckel verschließen und in den Kühlschrank stellen.
5. Zum Verzehr 250 ml Wasser z. B. mit einem Wasserkocher aufkochen. Heißes Wasser in das Glas füllen, kurz durchschütteln und dann für ca. 5 Min. ziehen lassen.
6. Schnittlauch-Frühlingszwiebel-Mischung (siehe Ausgangszutaten, S. 61) darauf verteilen und genießen.

Tipps und Aufbewahrung:

Die heiße Tasse kann unaufgegossen ca. 3 Tage im Kühlschrank aufbewahrt werden.

Heiße Tasse Variante 2

Für 1 Portion
Pro Portion: 125 kcal / 10,9 g KH / 4 g F / 10,5 g P

1 TL Gemüsebrühepulver
Salz, Pfeffer
1 Prise Chilipulver oder -flocken
1 TL edelsüßes Paprikapulver
2 EL Tomatenmark
1/3 der Zucchininudeln (siehe Ausgangszutaten, S. 61)
1/2 Menge des Rotkohls (siehe Ausgangszutaten, S. 61)
1/2 Menge der geräucherten Tofuwürfel (siehe Ausgangszutaten, S. 61)
1/2 Menge des Babyspinats (siehe Ausgangszutaten, S. 61)

1. Gemüsebrühepulver in ein wiederverschließbares Glas (siehe Ausgangszutaten, S. 61) geben. Salz, Pfeffer, Chilipulver, Paprikapulver und Tomatenmark hinzufügen.
2. Zucchininudeln, Rotkohl, Tofuwürfel und Babyspinat in das Glas einschichten.
3. Zum Verzehr 250 ml Wasser z. B. mit einem Wasserkocher aufkochen. Heißes Wasser in das Glas füllen, kurz durchschütteln und dann für ca. 5 Min ziehen lassen.
4. Schnittlauch-Frühlingszwiebel-Mischung (siehe Ausgangszutaten, S. 61) darauf verteilen und genießen.

Tipps und Aufbewahrung:

Die heiße Tasse kann unaufgegossen ca. 3 Tage im Kühlschrank aufbewahrt werden.

Heiße Tasse Variante 3

Für 1 Portion

Pro Portion: 150 kcal / 8 g KH / 7,3 g F / 10,8 g P

1 TL Gemüsebrühepulver, glutenfrei
Salz, Pfeffer
2 TL Currypulver
1/3 der Zucchininudeln (siehe Ausgangszutaten, S. 61)
1/2 Menge der geräucherten Tofuwürfel (siehe Ausgangszutaten, S. 61)
1/2 Menge der gelben Paprikaschote (siehe Ausgangszutaten, S. 61)
1/2 Menge der roten Paprikaschote (siehe Ausgangszutaten, S. 61)
1/2 Menge der Champignons (siehe Ausgangszutaten, S. 61)
1/2 Menge des Babyspinats (siehe Ausgangszutaten, S. 61)
35 ml Coconut cuisine (Kokoscreme oder Kokosmilch; optional)

1. Gemüsebrühepulver in ein wiederverschließbares Glas (siehe Ausgangszutaten, S. 61) geben. Salz, Pfeffer und Currypulver hinzufügen.
2. Zucchininudeln, Tofu- und Paprikawürfel, Champignons und Babyspinat in das Glas einschichten. Coconut cuisine in einem kleinen Behälter separat aufbewahren.
3. Zum Verzehr 250 ml Wasser z. B. mit einem Wasserkocher aufkochen. Heißes Wasser und Coconut cuisine in das Glas füllen, kurz durchschütteln und dann für ca. 5 Min. ziehen lassen.
4. Schnittlauch-Frühlingszwiebel-Mischung (siehe Ausgangszutaten, S. 61) darauf verteilen und genießen.

Tipps und Aufbewahrung:

Die heiße Tasse kann unaufgegossen ca. 3 Tage im Kühlschrank aufbewahrt werden.

Variante 1
Variante 2
Variante 3

Feta-Tomaten-Muffins

Für 5 Stück
Pro Stück: 197 kcal / 2,2 g KH / 15,4 g F / 11,9 g P

2 Eier
120 g Quark
50 g weiche Butter
25 g Leinmehl
½ Päckchen Backpulver
1 EL Flohsamenschalenpulver
½ TL Salz
125 g Feta
65 g Schinkenwürfel
getrockneter Oregano
Knoblauchpulver
1 Muffinform
5 Papiermuffinförmchen oder Fett für die Form

1. Den Backofen auf 180 °C Umluft vorheizen. Die Papierförmchen in fünf Mulden der Muffinform setzen oder fünf Mulden fetten.
2. Die Eier mit Quark und Butter verrühren. Leinmehl mit Backpulver, Flohsamenschalenpulver und Salz vermengen und unter die Eier-Quark-Masse heben.
3. Feta in kleine Würfel schneiden. Feta- und Schinkenwürfel, Oregano und Knoblauchpulver zur Quarkmasse geben und untermischen.
4. Den Teig auf die vorbereiteten Muffinformmulden verteilen, in den Ofen schieben und 25–30 Min. backen.

Tipps und Aufbewahrung:

Im Kühlschrank sind die Muffins bis zu einer Woche haltbar.

Meal-Prep-Tag 1 im zeitlichen Überblick

Diese Arbeiten werden parallel ausgeführt:

<table>
<tr><td>35 Min./Zubereitung Feta-Tomaten-Muffins (S. 66); Zubereitungsschritte 1–4:

Den Backofen auf 180 °C Umluft vorheizen. Die Papierförmchen in fünf Mulden der Muffinform setzen oder fünf Mulden fetten.

Die Eier mit Quark und Butter verrühren. Leinmehl mit Backpulver, Flohsamenschalenpulver und Salz vermengen und unter die Eier-Quark-Masse heben.

Feta in kleine Würfel schneiden. Feta- und Schinkenwürfel, Oregano und Knoblauchpulver zur Quarkmasse geben und untermischen.

Den Teig auf die vorbereiteten Muffinformmulden verteilen, in den Ofen schieben und 25–30 Min. backen.

Feta-Tomaten-Muffins aus dem Backofen holen und abkühlen lassen.</td><td>15 Min./Heiße Tassen Ausgangszutaten für Varianten 1–3 vorbereiten (S. 61)

10 Min./Heiße Tassen Varianten 1–3 (S. 61–64) einschichten, mit Deckel verschließen und in den Kühlschrank geben.</td></tr>
<tr><td colspan="2">1 Min.
Nach dem Auskühlen Muffins in einen Aufbewahrungsbehälter geben und in den Kühlschrank stellen.</td></tr>
</table>

Die Tätigkeiten für Meal-Prep-Tag 1 sind in ca. 36 Min. durchgeführt und somit die Heißen Tassen für Montag bis Mittwoch und die Feta-Tomaten-Muffins für Montag bis Freitag vorbereitet.

Heiße Tasse Variante 4

Für 2 Portionen
Pro Portion: 140 kcal / 10,5 g KH / 7,9 g F / 4,3 g P

- 2 TL Gemüsebrühepulver, glutenfrei
- 80 g Zucchini
- 60 g Karotten
- 80 g Erbsen (Dose oder TK)
- 2 Frühlingszwiebeln
- 2 TL Sojasauce
- 1 EL Sesam- oder Olivenöl
- 2 Gläser mit einem Fassungsvermögen von ca. 400–500 ml

1. Je 1 TL Gemüsebrühepulver in die Gläser einfüllen.
2. Karotten waschen, putzen und schälen. Zucchini putzen, waschen, abtrocknen und mit einem Spiralschneider zu »Nudeln« schneiden. Mit den Karotten ebenso verfahren oder diese alternativ raspeln. Frühlingszwiebeln putzen und in Ringe schneiden.
3. Zucchini, Karotten, Erbsen und Frühlingszwiebeln gleichmäßig auf beide Gläser verteilen und mit je 1 TL Sojasauce und ½ EL Öl beträufeln.
4. Zum Verzehr 200 ml Wasser z. B. mit einem Wasserkocher aufkochen. Heißes Wasser in ein Glas füllen, dieses verschließen, kurz durchschütteln und dann für ca. 5 Min. ziehen lassen.

Tipps und Aufbewahrung:

Die heiße Tasse kann unaufgegossen ca. 3 Tage im Kühlschrank aufbewahrt werden.

Meal-Prep-Tag 2 im zeitlichen Überblick

10 Min./Heiße Tassen Variante 4 zubereiten (S. 68); Zubereitungsschritt 1–4

Die Tätigkeiten für Meal-Prep-Tag 2 sind in ca. 10 Min. durchgeführt und die heißen Tassen für Donnerstag und Freitag vorbereitet.

Wochenplan 5

Vorhaben und Voraussetzungen

- Sie bereiten das Mittagessen für die Arbeit vor – es muss eine Mikrowelle vorhanden sein.
- Sie bereiten den Nachmittags-Snack und das Abendessen für zu Hause vor.
- Die Mahlzeiten reichen für 5 Tage.
- Diese Woche zeigt eine Planung mit Gefrierfach.

	Mittagessen	Snack	Abendessen
Sa	Planung für die Woche und Einkauf nach Bedarfsliste (S. 71)		
So	Meal-Prep-Tag		
Mo	1 Portion Blumenkohlsuppe mit Schinkenwürfel (S. 72) + 1 Würstchen im Schlafrock (S. 73)	1 Portion Apfel-Zimt-Tassenkuchen (S. 75)	1 Portion Sellerieschnitzel (S. 82) + 1 Portion Bunter Salat im Glas (S. 80) + 1 Portion Dressing (S. 83)
Di	1 Portion Bunter Salat im Glas (S. 80) + 1 Portion Dressing (S. 83) + 1 Würstchen im Schlafrock (S. 73)	1 Portion Heidelbeer-Tassenkuchen (S. 78)	1 Portion Sellerieschnitzel (S. 82) + 2 Mini-Wiener
Mi	1 Portion Blumenkohlsuppe mit Schinkenwürfel (S. 72) + 1 Würstchen im Schlafrock (S. 73)	1 Portion Heidelbeer-Tassenkuchen (S. 78)	1 Portion Blumenkohl-Brokkoli-Salat (S. 84) + 1 Portion Dressing (S. 83) + 3 Mini-Wiener
Do	1 Portion Kohlrabi-Gemüse-Suppe (S. 86) + 1 Würstchen im Schlafrock (S. 73)	1 Portion Vanille-Tassenkuchen mit Schokodrops (S. 76)	1 Portion Rindersteak mit Paprikagemüse (S. 85)
Fr	1 Portion Kohlrabi-Gemüse-Suppe (S. 86) + 1 Würstchen im Schlafrock (S. 73)	1 Portion Vanille-Tassenkuchen mit Schokodrops (S. 76)	1 Portion Rindersteak mit Paprikagemüse (S. 85)

Am Meal-Prep-Tag 1 kann alles vorbereitet und dann im Kühlschrank gelagert werden. Das Rindersteak mit Paprikagemüse sollte allerdings portionsweise eingefroren werden.

Bedarfsliste

- ☐ 2 Rindersteaks à ca. 200 g
- ☐ 10 Mini-Wiener (in einer Packung Mini-Wiener sind z. B. 2 × 160 g bzw. 2 × 5 Stück. Eine Hälfte wird für die Würstchen im Schlafrock verwendet, die andere Hälfte zu Sellerieschnitzel und Blumenkohl-Brokkoli-Salat gegessen; siehe Wochenplan 5 auf S. 70)
- ☐ 3 Scheiben gekochter Schinken
- ☐ 8 Eier
- ☐ 100 g geriebener Parmesan
- ☐ 125 g Quark
- ☐ 625 ml fettarme Milch (alternativ: Mandelmilch)
- ☐ 10 g + 1 TL Butter
- ☐ 50 ml Sahne
- ☐ 450 g Blumenkohlröschen
- ☐ 250 g Brokkoliröschen
- ☐ 450 g Knollensellerie
- ☐ 2 Karotten
- ☐ 8 Cherrytomaten
- ☐ 10 Radieschen
- ☐ 3 gelbe Paprikaschoten
- ☐ 1 rote Paprikaschote
- ☐ 1/4 Salatgurke
- ☐ 300 g Kohlrabi
- ☐ 5 Schalotten
- ☐ 150 g gemischter Blattsalat (z. B. Kopfsalat, Feldsalat, Rucola)
- ☐ 3 Stängel Petersilie
- ☐ 1 EL frischer Majoran gehackt oder 1 Prise getrockneter Majoran
- ☐ 1/2 Apfel
- ☐ 60 g Heidelbeeren
- ☐ 50 g Mandelmehl
- ☐ 100 g Kokosmehl
- ☐ 100 g Vanille-Proteinpulver (alternativ: gleiche Menge Mandelmehl)
- ☐ 20 g zuckerfreie Schokoladendrops (Low-Carb-Schokodrops)
- ☐ 1 EL + 2 1/2 TL Backpulver
- ☐ 25 g Flohsamenschalenpulver
- ☐ 1 TL Xylit oder Erythrit
- ☐ 5 EL Erythrit + 1 TL Erythrit oder Xylit
- ☐ 4 EL Zitronensaft
- ☐ 2 EL Aceto balsamico bianco
- ☐ 7 EL Öl (z. B. Olivenöl)
- ☐ 800 ml Gemüsebrühe

Gewürze:

- ☐ Salz, Pfeffer
- ☐ frisch gemahlene Muskatnuss
- ☐ Zimtpulver
- ☐ Mark von 1 Vanilleschote oder 2 Msp. gemahlene Vanille

Die Rezepte der Woche

Blumenkohlsuppe mit Schinkenwürfeln *

Für 2 Portionen
Pro Portion: 185 kcal / 5,8 g KH / 12,9 g F / 8,6 g P

1 Scheibe gekochter Schinken
10 g Butter
1 Schalotte
50 g Knollensellerie
300 g Blumenkohlröschen
400 ml Gemüsebrühe
50 ml Sahne
Salz, Pfeffer
frisch geriebene Muskatnuss

1. Schinken in kleine Würfel schneiden.
2. Die Butter in einem Topf erhitzen und die Schinkenwürfel darin anbraten, danach den Schinken in eine Schüssel umfüllen.
3. Schalotte schälen, Sellerie schälen und würfeln. Beides zusammen mit den Blumenkohlröschen in den Topf geben, kurz anschwitzen und danach mit der Gemüsebrühe ablöschen. Die Suppe 15–20 Min. köcheln lassen, bis das Gemüse gar ist, danach pürieren.
4. Die Sahne einrühren (die Suppe sollte jetzt nicht mehr aufkochen) und die Suppe mit Salz, Pfeffer und Muskatnuss abschmecken.
5. Die Suppe in 2 geeignete Behälter einfüllen (z. B. verschließbare Gläser) und komplett auskühlen lassen. Danach die Schinkenwürfel darauf geben. Die Behälter verschließen und in den Kühlschrank stellen.

Tipps und Aufbewahrung:

Verschlossen im Kühlschrank ist die Suppe 3–4 Tage haltbar.

* falls Gemüsebrühe glutenfrei ist

Würstchen im Schlafrock

Für 5 Stück
Pro Stück: 140 kcal / 6 g KH / 8,8 g F / 8,9 g P

1 Ei
125 g Quark
$^1/_4$ TL Salz
25 g Flohsamenschalenpulver
1 EL Backpulver
5 Mini-Wiener (ca. 160 g gesamt)

1. Backofen auf 160 °C Umluft vorheizen. Ei mit Quark und Salz verquirlen.
2. Flohsamenschalenpulver mit dem Backpulver vermengen und mit der Quarkmasse vermischen.
3. Den Teig gut durchkneten und zwischen zwei Bögen Backpapier dünn ausrollen. Die Teigplatte in Rechtecke schneiden, die etwas schmäler sind als die Länge der Würstchen.
4. Die Würstchen an zwei Längsseiten anschneiden, damit sie nicht platzen, und in die Teigstücke einrollen.
5. Die Würstchen im Schlafrock auf ein mit Backpapier ausgelegtes Backblech geben und im Ofen 20–30 Min. backen.

Tipps und Aufbewahrung:

Im Kühlschrank sind die Würstchen bis zu einer Woche haltbar.

Tassenkuchen-Variationen

Für Wochenplan 2 bereiten Sie fünf Gläser mit ca. 400–500 ml mit folgender Trockenmischung vor:

Basis-Trockenmischung pro Tassenkuchen:
1 EL Erythrit
10 g Mandelmehl
20 g Kokosmehl
20 g Vanille-Proteinpulver (alternativ: gleiche Menge Mandelmehl + 1 Prise gemahlene Vanille)
1/2 TL Backpulver

Alle Zutaten Schicht für Schicht in verschließbare Gläser einfüllen.

Tipps und Aufbewahrung:

Die trockenen Zutaten halten sich in den Gläsern über mehrere Wochen hinweg.

Apfel-Zimt-Tassenkuchen

*

Für 1 Portion

Pro Portion: 352 kcal / 20,4 g KH / 10,8 g F / 37,6 g P

½ Apfel
1 EL Zitronensaft
1 TL Erythrit
½ TL Zimtpulver
1 Portion Tassenkuchen-Basismischung (S. 74)
125 ml fettarme Milch oder Mandelmilch
1 Ei

1. Apfel waschen, schälen, entkernen, würfeln und zusammen mit 5 EL Wasser, Zitronensaft und Erythrit in ein mikrowellengeeignetes Gefäß geben. Apfelwürfel in der Mikrowelle für ca. 5 Min. auf höchster Stufe garen.
2. Apfelwürfel mit einer Gabel zerdrücken und das Mus mit Zimt würzen. Vollständig abkühlen lassen.
3. Das Apfelmus auf die trockene Basismischung (S. 74) geben und das Glas mit dem Deckel verschließen.
4. Zum Verzehr Deckel öffnen oder in eine Tasse füllen, Milch und Ei unterrühren und den Tassenkuchen für ca. 3 ½ Min. in der Mikrowelle auf höchster Stufe backen.

Tipps und Aufbewahrung:

Diese Mischung (vor Zugabe von Milch und Ei) sollte innerhalb von 2 Tagen verbraucht werden.

* bei Verwendung von glutenfreiem Eiweißpulver oder Zubereitung ohne Eiweißpulver

Vanille-Tassenkuchen mit Schokoladendrops *

Für 1 Portion
Pro Portion: 375 kcal / 15,1 g KH / 15,6 g F / 38,2 g P

Mark von 1/2 Vanilleschote oder 1 Msp. gemahlene Vanille
10 g zuckerfreie Schokoladendrops (Low-Carb-Schokodrops)
1 Portion Tassenkuchen-Basismischung (S. 74)
125 ml fettarme Milch oder Mandelmilch
1 Ei

1. Vanille und Schokodrops auf die trockene Basismischung (S. 74) geben und das Glas mit dem Deckel verschließen.
2. Zum Verzehr Deckel öffnen oder in eine Tasse geben, Milch und Ei unterrühren und den Tassenkuchen für ca. 3 ½ Min. in der Mikrowelle auf höchster Stufe backen.

Tipps und Aufbewahrung:

Die Trockenmischung (vor Zugabe von Milch und Ei) hält sich sogar über mehrere Wochen hinweg.

* bei Verwendung von glutenfreiem Eiweißpulver oder Zubereitung ohne Eiweißpulver

Heidelbeer-Tassenkuchen *

Für 1 Portion

Pro Portion: 260 kcal / 11 g KH / 8,5 g F / 33,6 g P

30 g Heidelbeeren
1 Portion Tassenkuchen-Basismischung (S. 74)
125 ml fettarme Milch
1 Ei

1. Die Heidelbeeren waschen, abtrocknen, auf die trockene Basismischung (S. 74) geben und das Glas mit dem Deckel verschließen.
2. Zum Verzehr Deckel öffnen oder in eine Tasse geben, Milch und Ei unterrühren und den Tassenkuchen für ca. 3 ½ Min. in der Mikrowelle auf höchster Stufe backen.

Tipps und Aufbewahrung:

Diese Mischung (vor Zugabe von Milch und Ei) sollte innerhalb von 3–4 Tagen verbraucht werden.

* bei Verwendung von glutenfreiem Eiweißpulver oder Zubereitung ohne Eiweißpulver

Bunter Salat im Glas

Für 2 Portionen
Pro Portion: 93 kcal / 12,9 g KH / 0,9 g F / 4,4 g P

¼ Salatgurke
1 Karotte
10 Radieschen
8 Cherrytomaten
1 gelbe Paprikaschote
150 g gemischter Blattsalat (z. B. Kopfsalat, Feldsalat, Rucola)
2 Gläser mit ca. 400-500 ml Fassungsvermögen

1. Gurke, Karotte, Radieschen und Tomaten waschen und abtrocknen. Den Salat verlesen, waschen und trocken schleudern.
2. Gurke und Karotte schälen und zusammen mit den Radieschen in Scheiben schneiden. Die Tomaten halbieren. Die Paprika waschen, entkernen und würfeln.
3. Alle vorbereiteten Zutaten in die Gläser einschichten: Zuerst den Salat, danach Gurken, Tomaten und Radieschen, Paprikawürfel und zuletzt Karottenscheiben. Die Gläser verschließen und in den Kühlschrank stellen.

Tipps und Aufbewahrung:

Das Dressing separat aufbewahren und kurz vor dem Verzehr mit ins Glas geben, dieses verschließen, durchschütteln und den fertigen Salat genießen.
Dazu passen diverse Dressings. Für Wochenplan 5 bereiten Sie das Petersilien-Zitronen-Dressing (S. 83) zu.

Sellerieschnitzel

Für 2 Portionen
Pro Portion: 333 kcal / 6,3 g KH / 23 g F / 26,7 g P

½-1 Knollensellerie (ca. 300 g)
Salz
2 Eier
Pfeffer
100 g geriebener Parmesan*
1-2 EL Öl (z. B. Raps- oder Kokosöl)

1. Knollensellerie schälen, waschen und in ca. ½ cm dicke Scheiben schneiden. Die Selleriescheiben in 1 l kochendes Salzwasser geben und in ca. 15–20 Min. gar kochen, danach abtropfen und abkühlen lassen.
2. Eier in einen tiefen Teller geben, mit Salz und Pfeffer würzen und verquirlen. In einen weiteren tiefen Teller den Parmesan einfüllen.
3. Die Selleriescheiben zuerst in die verquirlten Eier tauchen und dann im Parmesan wenden.
4. Das Öl in einer Pfanne erhitzen und die Sellerieschnitzel darin nach und nach von beiden Seiten goldbraun braten.

Tipps und Aufbewahrung:

Anstatt Sellerie kann man auch Kohlrabi verwenden.
Im Kühlschrank sind die Schnitzel 3–4 Tage haltbar. Sie schmecken sehr gut mit Salat (z. B. Bunter Salat im Glas, S. 80).

* Klassischer Parmesan ist streng genommen nicht vegetarisch, da er mit tierisches Lab hergestellt wird. Alternativ eine Käsesorte mit mikrobiellen Lab verwenden.

Petersilien-Zitronen-Dressing

Für 3 Portionen

Pro Portion: 108 kcal / 2,9 g KH / 9,2 g F / 0,3 g P

3 Stängel Petersilie
3 EL Zitronensaft
2 EL Aceto balsamico bianco
3 EL Öl (z. B. Olivenöl)
1 TL Xylit oder Erythrit
Salz, Pfeffer
1 Schraubglas mit 150–200 ml Fassungsvermögen

1. Petersilie waschen, trocken schütteln und klein hacken.
2. Petersilie zusammen mit den restlichen Zutaten sowie 2 EL Wasser in ein verschließbares Gefäß geben, das Dressing schütteln und im Kühlschrank aufbewahren.
3. Bevor Sie eine Portion aus dem Glas entnehmen, das Dressing noch mal kräftig schütteln.

Tipps und Aufbewahrung:

Das Dressing passt zu Blattsalaten sowie zu Gurken-Tomaten-Salat. Es hält sich in einem verschlossenen Glasbehälter oder in einer Glasflasche im Kühlschrank 1–2 Wochen.

Blumenkohl-Brokkoli-Salat mit Schinken

Für 1 Portion
Pro Portion (ohne Dressing): 224 kcal / 7,9 g KH / 9,3 g F / 22,3 g P

150 g Brokkoliröschen
150 g Blumenkohlröschen
Salz
2 Scheiben gekochter Schinken
1 TL Butter

1. Brokkoli und Blumenkohl in kochendem Salzwasser in ca. 7–10 Min. garen. Inzwischen den Schinken in kleine Stücke schneiden.
2. Die Butter in einer Pfanne erhitzen und die Schinkenstücke darin anbraten, dann auskühlen lassen.
3. Brokkoli und Blumenkohl in ein Sieb abgießen und ebenfalls auskühlen lassen. Kohl und Schinken in einen Vorratsbehälter umfüllen.
4. Das Petersilien-Zitronen-Dressing (S. 83) kurz vor dem Verzehr untermischen.

Tipps und Aufbewahrung:

Sie können den Salat zusätzlich mit 1 TL geriebenem Parmesan verfeinern.
Im Kühlschrank ist er 3–4 Tage haltbar. Dazu passen diverse Dressings. Für Wochenplan 5 verwenden wir 1 Portion Petersilien-Zitronen-Dressing (S. 83).

Rindersteak mit Paprikagemüse

Für 2 Portionen
Pro Portion: 380 kcal / 14 g KH / 13,4 g F / 45,3 g P

1 rote Paprikaschote
2 gelbe Paprikaschoten
3 Schalotten
2 Rindersteaks à ca. 200 g
1 EL Öl (z. B. Rapsöl)
Salz, Pfeffer
1 EL frischer Majoran, gehackt, oder
1 Prise getrockneter Majoran

1. Den Backofen auf 160 °C Umluft vorheizen.
2. Paprika waschen, entkernen und in Streifen schneiden. Die Schalotten schälen, halbieren und in Streifen schneiden. Die Steaks kalt abspülen und trocken tupfen.
3. Das Öl in einer Pfanne erhitzen und die Steaks darin von beiden Seiten scharf anbraten. Dann die Steaks mit Salz und Pfeffer würzen und in eine gefettete Auflaufform legen.
4. Paprika und Schalottenstreifen in die Pfanne zum Bratfett der Steaks geben und darin kurz anbraten. Das Gemüse mit Majoran und Pfeffer würzen und um das Fleisch in der Auflaufform verteilen.
5. Steaks und Gemüse im Ofen in 12–15 Min. fertig garen.

Tipps und Aufbewahrung:

Das Gericht ist im Kühlschrank 3–4 Tage haltbar.

Kohlrabi-Gemüse-Suppe *

Für 2 Portionen

Pro Portion: 151 kcal / 11,3 g KH / 7,7 g F / 5,5 g P

300 g Kohlrabi
100 g Knollensellerie
1 Karotte
1 Schalotte
100 g Brokkoliröschen
1 EL Öl (z. B. Rapsöl)
400 ml Gemüsebrühe
Salz, Pfeffer

1. Kohlrabi, Sellerie und Karotte waschen, putzen, schälen und in kleine Stifte oder Stücke schneiden. Die Schalotte schälen und würfeln. Die Brokkoliröschen kleiner schneiden.
2. Das Öl in einem Topf erhitzen und das Gemüse kurz darin anschwitzen. Die Gemüsebrühe dazugeben und alles 15–20 Min. garen. Wer es etwas bissfester möchte, kann einige Gemüsestücke aus dem Topf entnehmen. Den Rest im Topf belassen und pürieren.
3. Die Suppe mit Salz und Pfeffer abschmecken, noch heiß auf zwei Vorratsbehälter aufteilen und die gegarten Gemüsestücke wieder hinzufügen. Die Behälter verschließen und die Suppe auskühlen lassen, dann in den Kühlschrank stellen.

Tipps und Aufbewahrung:

Auf diese Weise abgefüllt hält sich die Suppe bis zu einer Woche im Kühlschrank.

* bei Verwendung von glutenfreier Gemüsebrühe

Wochenplan 6

Vorhaben und Voraussetzungen

- Sie bereiten für 5 Tage Frühstück und das Mittagessen für die Arbeit sowie das Abendessen für zu Hause vor. Eine Mikrowelle in der Arbeit ist vorhanden.
- Diese Woche zeigt eine Planung mit Gefrierfach. Dadurch kann man am Meal-Prep-Tag alles für die 5-Tage-Woche vorbereiten.

	Frühstück	Snacks	Mittagessen Arbeit	Abendessen
Sa	Planung für die Woche und Einkauf nach Bedarfsliste (S. 89)			
So	Meal-Prep-Tag			
Mo	1 Portion Granola (S. 90) in 150 ml Mandelmilch	1 Scheibe Sesambrot (S. 91) mit Zucchini-Aufstrich (S. 92)	1 Portion Zucchini-Feta-Puffer (S. 93)	1 Portion Lachs auf grünem Spargel (S. 94)
Di	3 Pancakes (S. 96)	2 Granola-Cookies (S. 90)	1 Portion Lachs auf grünem Spargel (S. 94)	1 Portion Spargelsuppe (S. 97) mit 1 Scheibe Sesambrot (S. 91)
Mi	1 Portion Granola (S. 90) in 150 ml Mandelmilch	1 Portion Nuss-Snack (S. 98)	1 Portion Spargelsuppe grün mit 1 Scheibe Sesambrot (S. 91)	1 Portion Zucchini-Feta-Puffer (S. 93)
Do	3 Pancakes (S. 96)	2 Granola-Cookies (S. 90)	1 Scheibe Sesambrot (S. 91) mit Zucchini-Aufstrich (S. 92)	1 Portion Schnelle Pizza (S. 99)

Fr	1 Portion Granola (S. 90) in 150 ml Mandelmilch	1 Portion Nuss-Snack (S. 98)	1 Portion Schnelle Pizza (S. 99)	1 Scheibe Sesambrot (S. 91) mit 20 g körnigem Frischkäse und 1 Stück rote Paprika und 1 Tomate

Es bleiben noch ca. 7 Scheiben Sesambrot übrig, die man gut einfrieren und für die darauffolgende Woche verwenden kann.

Bedarfsliste

- ☐ 50 g Katenschinken
- ☐ 2 Lachsfilets à 125 g
- ☐ 450 ml Mandelmilch
- ☐ 10 Eier + 2 Eiweiß
- ☐ 80 g Feta
- ☐ 100 g geriebener Mozzarella
- ☐ 370 g körniger Frischkäse (leicht)
- ☐ 200 g Magerquark
- ☐ 400 g Frischkäse (leicht)
- ☐ 1 EL Butter
- ☐ 100 ml Sahne
- ☐ 600 g Zucchini + 1 kleiner Zucchino (ca. 180 g)
- ☐ 650 g grüner Spargel
- ☐ 150 g + 1 Stück rote Paprika (zum Frischkäsebrot am Freitag)
- ☐ 2 Tomaten
- ☐ 1 Knoblauchzehe
- ☐ 1 Bio-Zitrone + 2 EL Zitronensaft
- ☐ 1 kleines Bund Schnittlauch
- ☐ 3 Stängel Petersilie + 1 EL gehackte Petersilie
- ☐ 1 Zweig Rosmarin
- ☐ 1 TL TK-Gartenkräuter
- ☐ 40 g + 2 EL Kokosmehl
- ☐ 100 g Leinmehl
- ☐ 50 g Sesammehl
- ☐ 50 g Kartoffelfasern
- ☐ 100 g gehobelte Mandeln
- ☐ 50 g gehackte Mandeln
- ☐ 50 g gehackte Haselnüsse
- ☐ 10 g Sonnenblumenkerne
- ☐ 50 g Kürbiskerne
- ☐ 60 g Nüsse oder Kerne (z. B. Mandeln, Haselnüsse, Walnüsse oder Cashewkerne)
- ☐ 50 g Sesamsamen
- ☐ 50 g Flohsamenschalenpulver
- ☐ 1-2 TL Johannisbrotkernmehl
- ☐ ca. 5 EL Xylit oder 6 EL Erythrit
- ☐ 2 TL Gemüsebrühepulver
- ☐ 1 Päckchen Backpulver
- ☐ 20 g + 1 TL Kokosöl
- ☐ 4 EL Öl (z. B. Rapsöl)

Gewürze:

- ☐ gemahlene Vanille
- ☐ Salz, Pfeffer
- ☐ frisch gemahlene Muskatnuss
- ☐ Zimtpulver
- ☐ getrockneter Oregano

Die Rezepte der Woche

Granola und Granola-Cookies

Für 3 Portionen Granola (1 Portion = ca. 60 g) + 2 Portionen Cookies (1 Portion = 2 Stück)
Pro Portion: 374 kcal / 3,9 g KH / 31,2 g F / 14 g P

- 20 g Kokosöl
- 100 g gehobelte Mandeln
- 50 g gehackte Mandeln
- 50 g gehackte Haselnüsse
- 10 g Sonnenblumenkerne
- 50 g Kürbiskerne
- 1 TL Zimtpulver (optional)
- 3 EL Xylit oder 4 EL Erythrit
- 2 Eiweiß
- 1 Prise gemahlene Vanille
- 1 Prise Salz

1. Backofen auf 120 °C Ober-/Unterhitze vorheizen. Ein Backblech mit Backpapier belegen.
2. Das Kokosöl in einem Topf schmelzen und mit Mandeln, Haselnüssen, Sonnenblumenkernen und Kürbiskernen vermischen.
3. Zimt, Xylit, Eiweiß, Vanille und Salz unterrühren, aus etwa einem Drittel der Masse vier Cookies formen und auf das Backblech setzen. Die restliche Masse daneben verstreichen.
4. Cookies und Granola im Ofen 50–60 Min. backen und zwischendurch das Granola mehrmals, die Cookies einmal wenden. Dabei immer darauf achten, dass nichts anbrennt.
5. Nach dem Backen Granola und Cookies aus dem Ofen nehmen, komplett abkühlen lassen und dann separat in luftdichte Gefäße (siehe Tipp) geben.

Tipps und Aufbewahrung:

Dieses Granola lässt sich beliebig variieren, z. B. mit Trockenfrüchten oder anderen Nüssen, Saaten, Kokos-Chips und viele mehr.
Nach dem kompletten Auskühlen Granola in ein Metall- oder Glasgefäß füllen, damit es schön knusprig bleibt. Granola und Cookies sind trocken gelagert 1–2 Wochen haltbar.

Sesambrot

Für 12 Scheiben
Pro Scheibe: 120 kcal / 4,3 g KH / 5,3 g F / 10,8 g P

- 4 Eier
- 300 g Frischkäse (leicht)
- 1 TL Salz
- 50 g Sesammehl
- 50 g Kartoffelfasern
- 50 g Flohsamenschalenpulver
- 100 g Leinmehl
- 1 Päckchen Backpulver
- 50 g Sesamsamen

1. Backofen auf 180 °C Umluft vorheizen. Eier mit Frischkäse und Salz in eine Schüssel geben und verrühren.
2. Die trockenen Zutaten vermischen, zur Eier-Frischkäse-Masse geben und alle Zutaten in der Schüssel mit einem Handrührgerät gut verkneten.
3. 200 ml Wasser nach und nach zugeben und mit den Händen einkneten. Den Teig zu einem Laib Brot formen und dieses an der Oberfläche etwas einschneiden.
4. Den Brotteigling auf ein mit Backpapier belegtes Blech legen, in den Backofen schieben und 80–90 Min. backen. Mit einem Holzstäbchen überprüfen, ob das Brot schon fertig ist. Dafür das Holzstäbchen einstechen und, falls beim Herausziehen noch Teig am Stäbchen klebt, die Backdauer verlängern.

Tipps und Aufbewahrung:

Im Kühlschrank ist das Brot ca. eine Woche haltbar. Man kann das Brot auch scheibenweise einfrieren und, falls es benötigt wird, einfach kurz in der Mikrowelle oder im Toaster auftauen.

Zucchini-Frischkäse-Aufstrich

Für 2 Portionen
Pro Portion: 69 kcal / 3,2 g KH / 1 g F / 11,3 g P

1 kleiner Zucchino (ca. 180 g)
1 kleines Bund Schnittlauch
1 Knoblauchzehe
150 g körniger Frischkäse (leicht)
1 TL TK-Gartenkräuter
Salz, Pfeffer

1. Zucchino putzen, waschen und fein raspeln. Zucchinoraspel in 3–5 Min. bei großer Hitze in einer Pfanne ohne Öl anbraten. Dabei ständig umrühren.
2. Den Schnittlauch waschen, trocken schütteln und fein hacken. Knoblauch schälen und durch die Knoblauchpresse drücken.
3. Frischkäse mit Zucchini, Schnittlauch, Knoblauch und Gartenkräutern mischen. Den Aufstrich mit Salz und Pfeffer abschmecken, in einen Aufbewahrungsbehälter umfüllen und im Kühlschrank lagern.

Tipps und Aufbewahrung:

Im Kühlschrank ist der Aufstrich 5–6 Tage haltbar.

Zucchini-Feta-Puffer mit Kräuterquark

Für 2 Portionen
Pro Portion: 396 kcal / 13,6 g KH / 20,7 g F / 33,4 g P

- 600 g Zucchini
- Salz
- 3 Stängel Petersilie
- 200 g Magerquark
- 2 EL Zitronensaft
- 80 g Feta (leicht)
- 2 Eier
- 2 EL Kokosmehl
- 2 EL Öl (z. B. Rapsöl)

1. Zucchini putzen, waschen und grob raspeln. Die Raspel in einer Schüssel mit 1 TL Salz vermengen und 5 Min. ziehen lassen.
2. Für den Kräuterquark Petersilie waschen, trocken schütteln und hacken. Petersilie, Quark und Zitronensaft in einer Schüssel vermischen und die Creme mit Salz abschmecken.
3. Für die Zucchini-Feta-Puffer Zucchiniraspel in ein Küchentuch geben, gut auspressen und zurück in die Schüssel geben.
4. Den Feta zerbröseln. Feta, Eier und Kokosmehl zu den Zucchiniraspeln geben und den Schüsselinhalt gut vermischen. 1 kleine Prise Salz hinzufügen.
5. 2 EL Öl in einer großen Pfanne bei mittlerer bis großer Hitze erhitzen. Einige Löffel Zucchinimasse mit ausreichend Abstand in die Pfanne geben und zu Puffern formen. Die Puffer von beiden Seiten goldbraun anbraten, dann aus der Pfanne heben und mit dem Petersilienquark genießen.

Tipps und Aufbewahrung:

Die Puffer sind im Kühlschrank 3–4 Tage haltbar.
Dazu schmeckt auch Joghurt-Sauce (S. 125) und geräucherter Lachs. Für Wochenplan 6 kombinieren wir die Zucchinipuffer mit dem Zucchini-Frischkäse-Aufstrich (S. 92).

Gebackener Lachs mit grünem Spargel

Für 2 Portionen
Pro Portion: 406 kcal / 6,2 g KH / 41,7 g F / 32,8 g P

500 g grüner Spargel
2 Lachsfilets à 125 g
1 Bio-Zitrone
2 EL Öl (z. B. Rapsöl)
1 EL gehackte Petersilie
Salz, Pfeffer
1 Zweig Rosmarin

1. Backofen auf 180 °C Umluft vorheizen.
2. Den Spargel waschen, die Stangen im unteren Drittel schälen und die holzigen Enden abschneiden.
3. Lachsfilets kalt abspülen und trocken tupfen.
4. Die Zitrone heiß waschen, halbieren und zwei Zitronenscheiben an den Schnittstellen abschneiden. Den Rest der Zitrone auspressen und mit Öl, Petersilie, Salz und Pfeffer vermischen.
5. Den Spargel in eine mit Alufolie ausgelegte oder gefettete Auflaufform geben, Lachs darauflegen und mit der Marinade bepinseln. Übrige Marinade noch über den Spargel träufeln.
6. Die Zitronenscheiben halbieren und auf die Lachsfilets legen. Rosmarin waschen, trocken schütteln, klein zupfen und auf den Filets verteilen.
7. Fisch und Spargel im Ofen 20–25 Min. backen.

Pancakes

Für 2 Portionen/6 Pancakes
Pro Portion: 218 kcal / 5 g KH / 11,6 g F / 15,4 g P

100 g Frischkäse (leicht)
2 Eier
1 EL Xylit oder 1 1/2 EL Erythrit
40 g Kokosmehl
1 Prise Salz
1 Prise Zimtpulver
1 TL Öl (z. B. Kokosöl)

1. Alle Zutaten bis auf das Öl in eine Schüssel geben und gut verrühren.
2. Das Öl in einer Pfanne erhitzen. 2–3 EL Teigmasse in die Pfanne geben und von beiden Seiten goldbraun backen. Mit dem restlichen Teig genauso verfahren.

Tipps und Aufbewahrung:

Die Pancakes sind im Kühlschrank 3–4 Tage haltbar.
Zum Einfrieren am besten Frischhaltefolie zwischen die Pancakes legen, damit Sie diese gut einzeln entnehmen können.

Spargelsuppe

Für 2 Portionen

Pro Portion: 241 kcal / 4,5 g KH / 23,4 g F / 3,1 g P

150 g grüner Spargel
Salz
½ TL Xylit oder Erythrit
1 EL Butter
2 TL Gemüsebrühepulver
1-2 TL Johannisbrotkernmehl
100 ml Sahne
Pfeffer
frisch gemahlene Muskatnuss

1. Grünen Spargel waschen, die Stangen im unteren Drittel schälen und die holzigen Enden abschneiden. Spargel in Stücke schneiden.
2. Spargelstücke in einen Topf geben. 400 ml Wasser, Salz sowie ½ TL Xylit hinzufügen und den Spargel ca. 10 Min. kochen, bis er bissfest ist.
3. Spargelstücke mit einem Schaumlöffel aus dem Topf in eine Schüssel heben, Spargelwasser im Topf belassen.
4. Butter und Gemüsebrühepulver zum Spargelwasser geben und das Johannisbrotkernmehl unter Rühren einrieseln lassen. Die Brühe kurz aufkochen lassen.
5. Die Sahne in die Suppe rühren und diese mit Salz, Pfeffer, Gemüsebrühepulver, Xylit und Muskatnuss abschmecken (nicht mehr kochen lassen).
6. Die Spargelstücke wieder zur Suppe geben und diese heiß z. B. in Einmachgläser abfüllen und verschließen. Die Suppe abkühlen lassen und danach in den Kühlschrank stellen.

Tipps und Aufbewahrung:

Den grünen Spargel kann man ganz einfach durch weißen Spargel ersetzen.
Im Kühlschrank ist die Suppe 4–5 Tage haltbar.

Nuss-Snack

Für 2 Portionen
Pro Portion: 157 kcal / 2,9 g KH / 14 g F / 4,6 g P

60 g Nüsse oder Kerne (z. B. Mandeln, Haselnüsse, Walnüsse oder Cashewkerne)

1. Die Zutaten vermischen und eine eigene Knabbermischung zusammenstellen.
2. Nussmischung in ein Schraubglas füllen, verschließen und trocken lagern.

Tipps und Aufbewahrung:

Der Knabbermix hält sich mindestens 2 Wochen und lässt sich sehr gut in größeren Mengen auf Vorrat mischen.
Am besten einzelne Portionen in kleine Gläschen abfüllen oder Silikon-Muffinförmchen befüllen und in einen Aufbewahrungsbehälter legen. Jedes Mal, wenn man sein Gericht für unterwegs mitnimmt, eine Portion herausnehmen und in die To-go-Box einlegen.

Schnelle Pizza

Für 2 Portionen
Pro Portion: 300 kcal / 9,1 g KH / 11,4 g F / 37,1 g P

150 g rote Paprikaschote
2 Eier
200 g körniger Frischkäse (leicht)
100 g geriebener Mozzarella
50 g gewürfelter Katenschinken
Salz, Peffer
getrockneter Oregano
1 Tomate

1. Den Backofen auf 180 °C Umluft vorheizen.
2. Die Paprika waschen, entkernen und in kleine Würfel schneiden.
3. Die Eier in einer Schüssel verquirlen. Frischkäse und Mozzarella hinzufügen und verrühren. Katenschinken sowie die Paprikastücke untermischen und die Masse mit Salz, Pfeffer und Oregano würzen.
4. Die Masse auf ein mit Backpapier ausgelegtes Backblech streichen (ca. 0,5 cm dick). Tomate waschen, abtrocknen, vom Stielansatz befreien und in Scheiben schneiden. Die Tomatenscheiben auf der Pizza verteilen und diese im Backofen 25–30 Min. backen.

Wochenplan 7

Vorhaben und Voraussetzungen

- Sie bereiten für 5 Tage leichte Zwischenmahlzeiten/Snacks für die Arbeit und das Abendessen vor.
- Mit der Bedarfsliste 1 sorgen Sie dafür, dass Sie den Großteil der benötigten Zutaten für die Woche zu Hause vorrätig haben, z. B. trockene Zutaten und solche, die man in größeren Mengen kaufen und bis zum 2. Meal-Prep-Tag gut lagern kann. So muss am Mittwoch nur ein kleiner Einkauf nach Bedarfsliste 2 erledigt und das Essen für Donnerstag und Freitag vorbereitet werden.
- Diese Woche zeigt eine Planung ohne Gefrierfach mit einem 2. Meal-Prep-Tag.

	Zwischenmahlzeit/Snacks für die Arbeit	Abendessen
Sa	Planung für die Woche und Einkauf nach Bedarfsliste 1 (S. 101)	
So	Meal-Prep-Tag 1	
Mo	1 Portion Feta-Salat im Glas (S. 105) mit 1 Portion Joghurt-Dressing (S. 106)	1 Portion Beeren-Quark-Strudel (S. 104)
Di	1 Portion Beeren-Quark-Strudel (S. 104)	1 Portion Spinat-Feta-Strudel (S. 103)
Mi	1 Portion Feta-Salat im Glas (S. 105) mit 1 Portion Joghurt-Dressing (S. 106)	1 Portion Spinat-Feta-Strudel (S. 103)
	Einkauf nach Bedarfsliste 2 (S. 108) und Meal-Prep-Tag 2	
Do	1 Portion Radieschen-Gurken-Salat (S. 108)	1 Portion Tofu-Salat-Wrap (S. 111) mit Erdnuss-Sauce (S. 112)
Fr	1 Portion Schokoladiger Tassenkuchen (S. 110)	1 Portion Gebratener Tofu (S. 107) mit 1 Portion Radieschen-Gurken-Salat (S. 108)

Bedarfsliste 1

- ☐ 250 g Feta
- ☐ 150 g griechischer Joghurt
- ☐ 385 g Quark (20 % Fett)
- ☐ 80 g Frischkäse (0,2 % Fett)
- ☐ 150 g fettreduzierte Kokosmilch
- ☐ 3 Eier + 1 Eigelb
- ☐ 250 g geräucherter Tofu
- ☐ 60 g Heidelbeeren
- ☐ 60 g Himbeeren
- ☐ 6 Cherrytomaten
- ☐ 1 Gurke (ca. 10 cm Stück für Feta-Salat im Glas, ca. 15 cm für Radieschen-Gurken-Salat)
- ☐ 1 rote Paprikaschote
- ☐ 2 Knoblauchzehen
- ☐ 1/2 rote Zwiebel oder 1 Schalotte
- ☐ 30 g Spinat + 2 Handvoll Blattspinat oder grüner Salat nach Belieben
- ☐ 2 TL gehacktes Basilikum (frisch oder TK)
- ☐ 1 EL gehackte TK-Kräuter (z. B. Petersilie, Schnittlauch oder Gartenkräuter-Mischung)
- ☐ 5 Stängel frische Petersilie
- ☐ 40 g Guarkernmehl
- ☐ 50 g Leinmehl
- ☐ 20 g Kokosmehl
- ☐ 2 EL gemahlene Mandeln
- ☐ 1 EL Kakaopulver
- ☐ 1 Msp. Backpulver
- ☐ 2 EL + 1/2 TL Sesamsamen
- ☐ 1 EL gehackte Erdnüsse
- ☐ 2 EL Erdnussbutter
- ☐ 1 EL + 2 Prisen Xylit
- ☐ 25 g Erythrit
- ☐ 1 EL Puder-Erythrit (gemahlenes Erythrit)
- ☐ 150 ml Gemüsebrühe
- ☐ 4 EL Essig (z. B. Aceto balsamico bianco)
- ☐ 3 EL Öl (z. B. Olivenöl)
- ☐ 1 EL Erdnussöl (alternativ: Kokos- oder Olivenöl)
- ☐ 1 TL Kokosöl
- ☐ 1 EL Limettensaft (optional)

Gewürze:

- ☐ Salz, Pfeffer
- ☐ Kräutersalz
- ☐ getrockneter Dill

Die Rezepte der Woche

Strudel – deftig und süß

Für 4 Portionen

250 g Quark (20% Fett)
2 Eier
40 g Guarkernmehl
50 g Leinmehl
1 Eigelb zum Bestreichen

1. Den Backofen auf 180 °C Ober-/Unterhitze vorheizen.
2. Den Quark mit den Eiern in eine Rührschüssel geben und mit den Quirlen des Handrührgeräts schaumig schlagen.
3. Guarkernmehl und Leinmehl in einer separaten Schüssel mischen und dann unter die Quarkmischung rühren. 2 EL lauwarmes Wasser hinzufügen und zu einem geschmeidigen Teig kneten. Den Teig in zwei Portionen teilen.
4. Das Eigelb zum Bestreichen verquirlen.
5. Den Grundteig zu Spinat-Feta-Strudel (S. 103) und Beeren-Quark-Strudel (S. 104) weiterverarbeiten.

Spinat-Feta-Strudel

Für 2 Portionen
Pro Portion: 433 kcal / 5,5 g KH / 26,7 g F / 41,8 g P

30 g Spinat
$^1/_2$ Menge Strudelteig (S. 102)
150 g Feta (leicht)
2 Knoblauchzehen
1 EL Öl (z. B. Olivenöl)
2 TL gehacktes Basilikum (frisch oder TK)
Salz, Pfeffer

1. Den Backofen auf 180 °C Ober-/Unterhitze vorheizen.
2. Den Spinat waschen, verlesen, von groben Stielen befreien und abtropfen lassen.
3. Den Strudelteig mit einem Nudelholz rechteckig auf einer Silikonmatte dünn ausrollen und den Feta in die Mitte der Teigplatte bröckeln.
4. Spinat kurz bei großer Hitze in der Pfanne erhitzen, sodass die Flüssigkeit verdampft. Über dem Feta verteilen.
5. Knoblauchzehen schälen und durch die Knoblauchpresse drücken. Den Knoblauch mit dem Öl verrühren und auf dem Spinat verteilen. Die Füllung mit 1 TL Basilikum sowie Salz und Pfeffer würzen.
6. Die seitlichen Ränder des Teiges über die Füllung schlagen und die Teigplatte anschließend von unten nach oben aufrollen.
7. Den Strudel auf ein mit Backpapier ausgelegtes Backblech legen, mit vorbereitetem Eigelb (S. 102/Schritt 4) bepinseln und mit 1 TL Basilikum bestreuen.
8. Den Spinatstrudel zusammen mit dem Beeren-Quark-Strudel (S. 104) in den Ofen schieben und in 25–30 Min. goldbraun backen.

Tipps und Aufbewahrung:

Der Strudel kann bis zu 3 Tage im Kühlschrank aufbewahrt werden.

Beeren-Quark-Strudel

Für 2 Portionen
Pro Portion: 256 kcal / 11,5 g KH / 9 g F / 30 g P

- ½ Menge Strudelteig (S. 102)
- 80 g Frischkäse (0,2% Fett)
- 135 g Quark (20% Fett)
- 25 g Erythrit
- 60 g frische Heidelbeeren
- 60 g frische Himbeeren
- 1 EL Puder-Erythrit (gemahlenes Erythrit)

1. Den Strudelteig mit einem Nudelholz rechteckig auf einer Silikonmatte dünn ausrollen.
2. Frischkäse, Quark und Erythrit in eine Schüssel geben und verrühren.
3. Heidel- und Himbeeren waschen und trocken tupfen. Beeren vorsichtig unter die Quarkmischung heben und mittig auf dem ausgerollten Strudelteig platzieren. Die seitlichen Ränder des Teiges über die Füllung schlagen und die Teigplatte anschließend von unten nach oben aufrollen.
4. Den Strudel neben den Feta-Spina-Strudel auf das Backblech setzen, mit vorbereitetem Eigelb (S. 102/Schritt 4) bepinseln und mit Puder-Erythrit bestreuen. Den Strudel in den Ofen schieben und auf mittlerer Schiene in 25–30 Min. goldbraun backen.

Tipps und Aufbewahrung:

Der Strudel kann bis zu 3 Tage im Kühlschrank aufbewahrt werden.

Feta-Salat im Glas

Für 2 Portionen
Pro Portion: 131 kcal / 7,8 g KH / 5,1 g F / 11,8 g P

1 Stück Gurke (ca. 10 cm)
1 rote Paprikaschote
6 Cherrytomaten
2 Handvoll Blattspinat oder grüner Salat nach Belieben
100 g Feta (leicht)
½ rote Zwiebel oder 1 Schalotte
2 Gläser mit ca. 300-400 ml Fassungsvermögen

1. Gurke waschen, in Scheiben schneiden und diese halbieren. Paprika waschen, entkernen und in Stücke oder Streifen schneiden. Tomaten waschen und vierteln. Den Spinat waschen, verlesen, von groben Stielen befreien und abtropfen lassen. Den Feta in Würfel schneiden. Die Zwiebel abziehen und klein schneiden.
2. Gurken, Paprika, Tomaten, Zwiebeln, Schafskäse und Blattspinat in 2 Gläser einschichten.
3. Dazu das Joghurt-Dressing (S. 106) zubereiten.

Tipps und Aufbewahrung:

Im Kühlschrank ist der Salat 2–3 Tage haltbar.

Joghurt-Dressing

Für 2 Portionen
Pro Portion: 144 kcal / 3,1 g KH / 12 g F / 5,2 g P

150 g griechischer Joghurt
2 EL Essig (z. B. Aceto balsamico bianco)
1 EL Öl (z. B. Olivenöl)
1 EL gehackte TK-Kräuter (z. B. Petersilie, Schnittlauch oder Garten-kräuter-Mischung)
Salz, Pfeffer
1 Prise Xylit

Alle Zutaten mixen, in eine Flasche oder ein Glas abfüllen und verschließen.

Tipps und Aufbewahrung:

Das Dressing hält im Kühlschrank etwa eine Woche. Vor Gebrauch gut schütteln.

Gebratener Tofu mit Sesam

Für 2 Portionen
Pro Portion: 339 kcal / 3,4 g KH / 23,3 g F / 26,2 g P

250 g geräucherter Tofu
20 g Kokosmehl
1 EL Erdnussöl (alternativ: Kokos- oder Olivenöl)
3 Stängel frische Petersilie
2 EL Sesamsamen
1 EL Limettensaft (optional)

1. Den Tofu in Würfel schneiden und in Kokosmehl wälzen.
2. Das Erdnussöl in einer Pfanne erhitzen und den Tofu darin bei mittlerer Hitze goldbraun anbraten.
3. Die Petersilie waschen, trocken schütteln und die Blätter abzupfen.
4. Tofu mit den Petersilienblättern und Sesam garnieren, dann in zwei Aufbewahrungsbehälter abfüllen und in den Kühlschrank stellen. Den Limettensaft nach Belieben kurz vor dem Verzehr über den Tofu träufeln.

Tipps und Aufbewahrung:

Der Tofu hält sich im Kühlschrank 3–4 Tage.

Bedarfsliste 2

- ☐ 1 kleine Karotte
- ☐ 15 Radieschen
- ☐ 1 Handvoll grüner Salat (z. B. Romana, Lollo Rosso) + 3 Salatblätter (z. B. Romana, Kopfsalat)

Radieschen-Gurken-Salat

Für 2 Portionen
Pro Portion: 102 kcal/ 7,3 g KH/ 6,5 g F/ 2,8 g P

1 Stück Gurke, ca. 15 cm
10 Radieschen
1 Handvoll Blattsalat (z. B. Lollo Rosso, Eisbergsalat, Romana)
Kräutersalz
1 Prise getrockneter Dill (alternativ: 1 Stängel frischer Dill)
1/2 TL Sesamsamen
2 EL Essig (z. B. Aceto balsamico weiß)
1 EL Öl (z. B. Olivenöl)
1 Prise Xylit oder Erythrit
2 Gläser mit ca. 300–400 ml Fassungsvermögen

1. Die Gurke waschen, nach Belieben schälen und in Scheiben hobeln. Die Radieschen waschen, abtrocknen und in Scheiben hobeln. Den Salat putzen, waschen, trocken schleudern und zurechtzupfen. Alle vorbereiteten Zutaten in zwei Gläser einschichten.
2. Aus Kräutersalz, Dill, Sesam, Essig, Öl, 1 EL Wasser und Xylit ein Dressing mischen und separat in einen Glasbehälter oder in eine Flasche abfüllen. Das Dressing kurz vor dem Verzehr in das Glas geben, dieses nochmals verschließen, gut schütteln und dann genießen.

Tipps und Aufbewahrung:

Der Salat hält sich ohne Dressing im Kühlschrank 2–3 Tage.

Schokoladiger Tassenkuchen

Für 1 Portion
Pro Portion: 362 kcal / 3,5 g KH / 28,3 g F / 14,7 g P

2 EL gemahlene Mandeln
1 EL Kakaopulver
1 Msp. Backpulver
1 EL Xylit
1 Prise Salz
1 TL Kokosöl
1 Ei

1. Trockene Mischung aus gemahlenen Mandeln, Kakaopulver, Backpulver, Xylit und Salz vorbereiten und in einen Aufbewahrungsbehälter einfüllen.
2. Erst kurz vor dem Verzehr die Trockenmischung in eine Tasse füllen, Kokosöl und das Ei hinzufügen (eventuell in einem kleinen Glasbehälter verquirlt separat mitnehmen), alles gut mit einer Gabel durchrühren und 1–2 Min. bei maximaler Leistung (ca. 800 Watt) in der Mikrowelle backen.

Tipps und Aufbewahrung:

Die Trockenmischung lässt sich sehr gut vorbereiten und hält luftdicht verpackt mindestens 2 Wochen.

Tofu-Salat-Wraps

Für 1 Portion
Pro Portion: 450 kcal / 12 g KH / 28,9 g F / 30,9 g P

3 Salatblätter (z. B. Romana, Eisbergsalat)
1 kleine Karotte
5 Radieschen
1 Portion gebratener Tofu (S. 107)
1 EL gehackte Erdnüsse
2 Stängel frische Petersilie

1. Die Salatblätter waschen und trocken tupfen. Die Karotte waschen, schälen und raspeln. Die Radieschen waschen, putzen und in Scheiben schneiden.
2. Gebratenen Tofu mit Karottenraspeln, Radieschenscheiben und Erdnüssen vermischen und in die Salatblätter füllen.
3. Petersilie waschen, trocken schütteln, hacken und über die Wraps streuen. Zum Essen die Salatblätter einrollen und in Erdnuss-Sauce (S. 112) dippen.

Tipps und Aufbewahrung:

Die Tofu-Salat-Wraps sollten innerhalb von 1–2 Tagen verbraucht werden.

Erdnuss-Sauce

Für 2 Portionen
Pro Portion: 140 kcal / 2,3 g KH / 11,8 g F / 5,2 g P

150 g fettreduzierte Kokosmilch
2 EL Erdnussbutter
150 ml Gemüsebrühe
Salz, Pfeffer
1 Prise Xylit oder Erythrit

Kokosmilch, Erdnussbutter, Gemüsebrühe, Salz, Pfeffer und Xylit in einen Topf geben, erhitzen und ca. 10 Min. bei mittlerer Hitze köcheln lassen.

Tipp:

Die Sauce hält sich in einem verschlossenen Behälter oder abgefüllt in einer Glasflasche im Kühlschrank bis zu einer Woche.

Wochenplan 8 Vorhaben und Voraussetzungen

- Sie bereiten für 5 Tage Low-Carb-Süßigkeit und Abendessen vor.
- Diese Woche zeigt eine Planung mit Gefrierfach.

	Snack	Abendessen
Sa	Planung für die Woche und Einkauf nach Bedarfsliste (S. 113)	
So	Meal-Prep-Tag	
Mo	2 Eiskonfekt (S. 114)	Ofengemüse vom Blech mit Rind (S. 115)
Di	2 Eiskonfekt (S. 114)	Ofengemüse vom Blech mit Hähnchen (S. 115)
Mi	2 Eiskonfekt (S. 114)	Ofengemüse vom Blech mit Rind (S. 115)
Do	2 Eiskonfekt (S. 114)	Ofengemüse vom Blech mit Hähnchen (S. 115)
Fr	2 Eiskonfekt (S. 114)	Ofengemüse vom Blech mit Rind (S. 115)

Am Sonntag werden Eiskonfekt und ein Blech mit Ofengemüse, Rind und Hähnchen vorbereitet. Das Eiskonfekt kann im Kühlschrank gelagert werden. Die Mahlzeiten für Montag bis Mittwoch können Sie in den Kühlschrank stellen und die restlichen Portionen am besten einfrieren.

Bedarfsliste

- ☐ 300 g Hähnchenbrustfilet
- ☐ 450 g Rindfleisch
- ☐ 400 g Zucchini
- ☐ 1 gelbe Paprikaschote
- ☐ 1 rote Paprikaschote
- ☐ 350 g Brokkoli
- ☐ 300 g Karotten
- ☐ 1 Knoblauchzehe
- ☐ 50 g Low-Carb-Vollmich-Schokoladen-Drops
- ☐ 8 g Kakaopulver
- ☐ 10 Haselnüsse
- ☐ 100 ml Olivenöl
- ☐ 1 TL Kokosöl

Gewürze:

- ☐ Salz, Pfeffer

Die Rezepte der Woche

Eiskonfekt

*

Für 10 Stück

Pro Portion: 40 kcal / 1,1 g KH / 3,3 g F / 1 g P

50 g Low-Carb-Vollmich-Schokoladendrops
1 TL Kokosöl
8 g Kakaopulver
10 Haselnüsse
Außerdem: 10 Papier- oder Aluförmchen für Pralinen

1. Die Schokoladendrops mit dem Kokosöl in eine Metallschüssel geben und über einem heißen Wasserbad schmelzen. Das Kakaopulver unterrühren.
2. Die Förmchen auf einem großen Teller auslegen und die flüssige Schokolade einfüllen. Den Teller mit dem Eiskonfekt in den Kühlschrank stellen und 10 Min. kalt stellen.
3. Anschließend die Haselnüsse zur Hälfte in die Pralinen stecken. Diese dann wieder in den Kühlschrank stellen, bis alles gut durchgekühlt ist.

Tipps und Aufbewahrung:

Das Konfekt ist im Kühlschrank etwa 4 Wochen haltbar.

* je nach Schokoladensorte

Ofengemüse mit Rindfleisch und Hähnchen

Für 5 Portionen
Pro Portion: 424 kcal / 10,9 g KH / 21,3 g F / 35,6 g P

- 300 g Hähnchenbrustfilet
- 450 g Rindfleisch
- 400 g Zucchini
- 350 g Brokkoli
- 1 gelbe Paprikaschote
- 1 rote Paprikaschote
- 300 g Karotten
- 1 Knoblauchzehe
- 100 ml Olivenöl
- Salz, Pfeffer

1. Hähnchenbrust und Rindfleisch waschen, trocken tupfen und in mundgerechte Stücke schneiden.
2. Das Gemüse waschen und abtrocknen. Zucchini und den Brokkoli in kleine Stücke schneiden. Paprikaschoten entkernen und würfeln. Karotten schälen und in Scheiben schneiden.
3. Die Knoblauchzehe schälen, fein hacken, in ein Schälchen geben und mit dem Olivenöl sowie Salz und Pfeffer zu einer Marinade verarbeiten. →

4. Das Fleisch auf zwei separate Teller geben und mit der Marinade einpinseln.
5. Das Gemüse entweder zusammen oder ebenfalls nach Sorten getrennt in eine Schüssel geben, die Marinade darauf verteilen.
6. Gemüse und Fleisch für mind. 2 Std. zum Durchziehen in den Kühlschrank stellen.
7. Den Backofen auf 160 °C Umluft vorheizen. Ein Backblech mit Backpapier belegen und das Fleisch jeweils links und rechts darauf auslegen. Dann das Gemüse, z. B. geordnet nach Gemüsesorten, auf dem Backblech verteilen.
8. Das Blech in den Backofen geben und 40–45 Min. backen.
9. Das Hähnchenfleisch in zwei, das Rindfleisch in drei Meal-Prep-Behälter aufteilen. Dazu kann man das Gemüse nach Belieben einfüllen, z. B. nur Brokkoli und rote Paprika oder Zucchini und Karotten oder von jedem Gemüse etwas. So bringt man etwas Variation in die einzelnen Mahlzeiten.

Tipps und Aufbewahrung:

Fleisch und Gemüsearten lassen sich sehr gut variieren und man bereitet so sehr schnell 5 Mahlzeiten auf einmal zu.

Wochenplan 9

Vorhaben und Voraussetzungen

- Sie bereiten für 5 Tage Frühstück und Mittagessen für die Arbeit und das Abendessen für zu Hause vor – eine Mikrowelle ist in der Arbeit vorhanden.
- Diese Woche zeigt eine Planung ohne Gefrierfach mit einem 2. Meal-Prep-Tag.

	Frühstück	Mittagessen	Abendessen
Sa	Planung für die Woche und Einkauf nach Bedarfsliste 1 (S. 118)		
So	Meal-Prep-Tag 1		
Mo	2 Himbeer-Cheese-cake-Muffins (S. 120)	4 Brokkolitaler (S. 122) mit 1 Portion Tomatensauce (S. 121)	1 Portion Gerösteter Rotkohl (S. 124) mit 1 Portion Joghurt-Sauce (S. 125)
Di	1 Eiweißbrötchen (S. 126), belegt mit einem aufgeschnittenen, gekochten Ei und 3 Cocktailtomaten	1 Portion Hähnchen mit Blumenkohlreis und Brokkoli (S. 128) + mit 1 Portion Tomatensauce (S. 121)	1 Brokkolitaler (S. 122) in 1 Eiweißbrötchen (S. 126) mit 1 Portion Joghurt-Sauce (S. 125) bestrichen
Mi	2 Himbeer-Cheese-cake-Muffins (S. 120)	1 Portion Blumenkohlreis-Salat (S. 127) mit 1 Eiweißbrötchen (S. 126)	1 Portion Hähnchen mit Blumenkohlreis und Brokkoli (S. 128) + 1 Portion Tomatensauce (S. 121)
	Einkauf nach Bedarfsliste 2 (S. 119) und Meal-Prep-Tag 2		
Do	1 Eiweißbrötchen (S. 126), belegt mit einem aufgeschnittenen gekochten Ei und 3 Cherrytomaten	1 Portion Thunfisch-Ei-Salat (S. 130) + 1 Portion Kräuter-Dressing (S. 131)	1 Portion Zucchini-Risotto (S. 132)
Fr	2 Himbeer-Cheesecake-Muffins (S. 120)	1 Portion Vanille-Zimt-Milchreis (S. 135)	1 Portion Thunfisch-Tomaten-Aufstrich (S. 134) auf 1 Eiweißbrötchen (S. 126)

Am Meal-Prep-Tag 1 wird der Großteil für die Woche vorbereitet. Am Mittwoch (Meal-Prep-Tag 2) werden Thunfisch-Ei-Salat, Kräuter-Dressing, Zucchini-Risotto, Vanille-Zimt-Milchreis und der Thunfisch-Tomaten-Aufstrich zubereitet.

Es bleibt noch Kräuter-Dressing für die nächste Woche übrig.

Bedarfsliste 1

- ☐ 30 g Raspelkäse
- ☐ 750 g Magerquark
- ☐ 250 g griechischer Joghurt
- ☐ 1 TL Butter
- ☐ 6 Eier
- ☐ 300 g Hähnchenbrustfilet
- ☐ 700 g Brokkoli
- ☐ 700 g Blumenkohl
- ☐ 1 kleiner Rotkohl (ca. 550 g Gesamtgewicht)
- ☐ 2 Frühlingszwiebeln
- ☐ 2 Knoblauchzehen
- ☐ 1 Schalotte oder ½ Zwiebel
- ☐ 1 Zitrone + 2 EL Zitronensaft
- ☐ 1 Limette
- ☐ 100 g Himbeeren
- ☐ 3 EL + 1 TL TK-Kräuter (z. B. Petersilie oder Gartenkräuter-Mischung)
- ☐ etwas frischer Thymian
- ☐ 1 Dose gehackte Tomaten (ca. 400 g)
- ☐ 25 g Flohsamenschalenpulver
- ☐ 20 g Leinmehl
- ☐ 15 g Mandelmehl
- ☐ 15 g Chiasamen
- ☐ 15 g + 1 TL Sesamsamen
- ☐ 2 TL Backpulver
- ☐ 50 g Kokosmehl
- ☐ 2-3 EL + 1 TL Xylit oder Erythrit
- ☐ 1 Prise gemahlene Vanille
- ☐ 6 EL + 1 TL Öl (z. B. Oliven- oder Rapsöl)
- ☐ 3 EL Essig (z. B. Aceto balsamico bianco)

Gewürze:

- ☐ Salz, Pfeffer
- ☐ edelsüßes und rosenscharfes Paprikapulver
- ☐ Chilipulver

Bedarfsliste 2

- ☐ 1 Dose Thunfisch in eigenem Aufguss (ca. 150 g)
- ☐ 15 g gehobelter Parmesan
- ☐ 2 gekochte Eier
- ☐ 200 g Konjakreis
- ☐ 150 g Pflücksalat
- ☐ 1 rote Zwiebel
- ☐ 1 Zwiebel
- ☐ 11 Cherrytomaten
- ☐ 2 Knoblauchzehen
- ☐ 1/2 mittelgroßer Zucchino (entspricht 135 g)
- ☐ 2 1/2 EL TK-Kräuter (z. B. Petersilie, Gartenkräuter-Mischung, Oregano)
- ☐ 5 schwarze entsteinte Oliven
- ☐ 100 g frische Himbeeren
- ☐ 70 g passierte Tomaten
- ☐ 2 EL + 1 TL Zitronensaft
- ☐ 130 ml Soja cuisine (Sojacreme zum Kochen, alternativ: Kochsahne)
- ☐ 125 ml Mandelmilch
- ☐ Mark von 1/2 Vanilleschote oder 1 Msp. gemahlene Vanille
- ☐ 1 TL Gemüsebrühepulver
- ☐ 1/2 gestrichener TL Guarkernmehl
- ☐ 1 1/2 EL + 1 TL Xylit oder Erythrit
- ☐ 1 TL + 4 EL Olivenöl
- ☐ 8 EL Aceto balsamico bianco

Gewürze:

- ☐ Salz, Pfeffer
- ☐ Zimtpulver

Die Rezepte der Woche

Himbeer-Cheesecake-Muffins

Für 6 Stück
Pro Stück: 96 kcal / 6,6 g KH / 1,9 g F / 12,3 g P

100 g Himbeeren
500 g Magerquark
2 Eier
2-3 EL Xylit
1 EL Zitronensaft
1 Prise gemahlene Vanille
6 Papiermuffinförmchen

1. Den Backofen auf 170 °C Unter-/Oberhitze vorheizen. Das Muffinblech mit Papierförmchen auslegen.
2. Die Himbeeren waschen, abtropfen lassen, in einen hohen Rührbecher geben und pürieren.
3. Magerquark, Eier, Xylit, Zitronensaft und Vanille in eine Schüssel geben und vermischen. Die Quarkcreme auf die Muffinförmchen verteilen, das Himbeerpüree tropfenweise auf die Käsecreme geben und mit einem Holzstäbchen durchziehen.
4. Die Muffins im Backofen 15–20 Min. backen. Dann den Ofen ausschalten, die Muffins noch 30 Min. im Ofen stehen lassen und erst dann zum vollständigen Abkühlen herausnehmen.

Tipps und Aufbewahrung:

Im Kühlschrank sind die Muffins bis zu einer Woche haltbar.

Tomatensauce

Für ca. 400 g / mindestens 3 Portionen
Pro Portion: 47 kcal / 5,3 g KH / 2,3 g F / 1,7 g P

1 Schalotte oder 1/2 Zwiebel
1 Knoblauchzehe
1 TL Öl (z. B. Rapsöl)
1 Dose gehackte Tomaten (ca. 400 g)
1/2 TL Xylit oder Erythrit
Salz, Pfeffer
edelsüßes Paprikapulver
1-2 EL TK-Kräuter (z. B. Gartenkräuter, Oregano, Basilikum etc.)
edelsüßes und/oder rosenscharfes Paprikapulver
Chilipulver

1. Schalotte und Knoblauchzehe schälen und fein hacken.
2. Das Öl in einem kleinen Topf erhitzen und Schalotten- und Knoblauchwürfel darin andünsten. Gehackte Tomaten, Xylit, Gewürze und Kräuter hinzufügen und die Sauce aufkochen lassen.
3. Sauce bei geringer Hitze ca. 15 Min. köcheln lassen. Dabei mehrmals umrühren.
4. Fertige Tomatensauce bis zur gewünschten Konsistenz pürieren, noch heiß in ein Einmachglas abfüllen und verschließen.

Tipps und Aufbewahrung:

Die Sauce hält sich im Kühlschrank etwa 2 Wochen.

Brokkolitaler

Für 5 Stück
Pro Stück: 107 kcal / 3,4 g KH / 5,2 g F / 7,9 g P

400 g Brokkoli
50 g Kokosmehl
30 g Raspelkäse
1 Ei
Pfeffer, Salz
1 TL TK-Kräuter (z. B. Petersilie)
1 EL Öl (z. B. Rapsöl)

1. Den Brokkoli waschen, abtrocknen und mithilfe einer Küchenmaschine reiskorngroß zerkleinern.
2. Brokkolireis in eine Schüssel geben und mit den restlichen Zutaten außer dem Öl vermengen. Aus dem Teig mit angefeuchteten Händen kleine Taler formen.
3. Das Öl in einer Pfanne erhitzen und die Taler darin von beiden Seiten ca. 5–10 Min. braten, bis der Brokkoli gar ist und die Taler goldbraun sind. Die Taler dabei mindestens einmal wenden.

Tipps und Aufbewahrung:

Im Kühlschrank sind die Taler 3–4 Tage haltbar. Sie eignen sich auch wunderbar als Burger-Bratlinge.

Gerösteter Rotkohl

Für 1 Portion
Pro Portion: 297 kcal / 18,6 g KH / 19,4 g F / 7,7 g P

1 kleiner Rotkohl (ca. 500 g)
1 Zitrone
etwas frischer Thymian
2 EL Öl (z. B. Olivenöl)
1 EL Essig (z. B. Aceto balsamico bianco)
1/2 TL Xylit

1. Den Backofen auf 160 °C Umluft vorheizen.
2. Die äußeren Blätter und den Strunk vom Rotkohl entfernen und die Blätter in ca. 1 cm dicke Scheiben schneiden und auf ein mit Backpapier ausgelegtes Backblech geben. (Ca. 50 g Rotkohlreste für den Blumenkohlreis-Salat auf S. 127 zurücklegen)
3. Die Zitrone auspressen. Thymian waschen, trocken schütteln und kleiner schneiden.
4. Zitronensaft, Öl, Essig, Xylit und Thymian gut vermischen und die Rotkohlscheiben auf einer Seite damit bestreichen.
5. Den Rotkohl im Backofen ca. 15–20 Min. backen. Dazu gibt es Joghurt-Sauce (S. 125).

Tipps und Aufbewahrung:

Im Kühlschrank ist der Rotkohl 2–3 Tage haltbar.

Joghurt-Sauce

Für 2 Portionen

Pro Portion: 165 kcal / 4,8 g KH / 12,8 g F / 7,1 g P

250 g griechischer Joghurt
1 EL Zitronensaft
1 EL TK-Kräuter gehackt (z. B. Petersilie oder Gartenkräuter-Mischung)
Salz, Pfeffer
1 Prise Xylit

Alle Zutaten mixen, in eine Flasche oder in ein Glas abfüllen und verschließen.

Tipps und Aufbewahrung:

Im Kühlschrank ist die Sauce 5–6 Tage haltbar. Sie kann auch als Joghurt-Kräuter-Dressing zu Salat verwendet werden.

Eiweißbrötchen

Für 5 Stück
Pro Stück: 136 kcal / 3,7 g KH / 6,4 g F / 13,8 g P

250 g Magerquark
3 Eier
25 g Flohsamenschalenpulver
20 g Leinmehl
15 g Mandelmehl
15 g Chiasamen
15 g Sesamsamen
2 TL Backpulver
½ TL Salz
1 TL Sesamsamen zum Bestreuen

1. Den Backofen auf 180 °C Umluft vorheizen.
2. Alle Zutaten bis auf den Sesam zum Bestreuen in einer Schüssel miteinander vermengen und den Teig etwa 10 Min. ruhen lassen.
3. Aus dem Teig fünf etwa gleich große Kugeln formen und diese auf ein mit Backpapier ausgelegtes Backblech legen. Die Kugeln leicht andrücken, damit die Kugel eine Brötchenform bekommt, mit Sesam bestreuen und im Ofen auf mittlerer Schiene in etwa 30 Min. goldbraun backen.

Tipps und Aufbewahrung:

Im Kühlschrank sind die Brötchen etwa eine Woche haltbar.

Blumenkohlreis-Salat

Für 1 Portion
Pro Portion: 203 kcal / 11,8 g KH / 10,2 g F / 8,5 g P

300 g Blumenkohl
50 g Rotkohl (z. B. rohe Kohlreste vom Gerösteten Rotkohl auf S. 124)
1 Frühlingszwiebel
2 EL Essig (z. B. Aceto balsamico bianco)
1 EL Öl (z. B. Olivenöl)
1 Prise Xylit
Salz, Pfeffer

1. Blumenkohl waschen, abtrocknen, putzen und mit der Küchenmaschine reiskorngroß zerkleinern.
2. Den Rotkohl waschen und in kleine Stücke schneiden. Die Frühlingszwiebel putzen und in Ringe schneiden. Blumenkohlreis, Rotkohlstücke und Frühlingszwiebel in eine Schüssel geben.
3. Essig, Öl und Xylit zu einem Dressing vermischen, über den Salat geben und alles gut vermengen. Den Salat mit Salz und Pfeffer abschmecken und in einem Aufbewahrungsbehälter in den Kühlschrank geben.

Tipps und Aufbewahrung:

Am besten schmeckt der Salat, wenn er mindestens einen Tag durchgezogen hat. Haltbar ist er im Kühlschrank 3–4 Tage.
Man kann diesen Salat roh zubereiten oder den Blumenkohlreis auch kurz vorher, z. B. in der Mikrowelle, garen.

(Foto s. S. 129)

Hähnchen mit Blumenkohlreis und Brokkoli

Für 2 Portionen
Pro Portion: 372 kcal / 10,7 g KH / 14,7 g F / 45,2 g P

300 g Hähnchenbrustfilet
1 Limette
1 Knoblauchzehe (optional)
2 EL Öl (z. B. Rapsöl)
Salz, Pfeffer
400 g Blumenkohl
300 g Brokkoli
1 Frühlingszwiebel
1 TL Butter

1. Die Hähnchenbrust kalt abspülen, trocken tupfen, in Stücke schneiden und in eine Schüssel geben. Die Limette auspressen. Knoblauch schälen und durch die Knoblauchpresse drücken.
2. Das Öl, Limettensaft, Knoblauch, Salz und Pfeffer in einem Schälchen vermischen und über das Fleisch geben. Alles gut vermengen und ca. 15 Min. durchziehen lassen.
3. Inzwischen den Blumenkohl waschen, abtrocknen, putzen und mit der Küchenmaschine reiskorngroß zerkleinern.
4. Den Brokkoli putzen, in Röschen teilen, in kochendem Salzwasser in 8–10 Min. bissfest garen, dann in ein Sieb abgießen und abtropfen lassen.
5. Die Frühlingszwiebel putzen, waschen und in Ringe schneiden.
6. Marinierte Hähnchenbruststücke in eine Pfanne geben und in ca. 7–10 Min. bei mittlerer Hitze durchbraten.
7. Die Butter in einem Topf erhitzen und den Blumenkohlreis darin bei geringer Hitze bis zur gewünschten Bissfestigkeit dämpfen. Zum Schluss die Frühlingszwiebelröllchen unterrühren.
8. Alle Komponenten gut auskühlen lassen und in zwei Aufbewahrungsbehälter umfüllen.

Tipps und Aufbewahrung:

Das Gericht ist im Kühlschrank 2–3 Tage haltbar. Dazu schmeckt Tomatensauce (S. 121) oder Joghurt-Sauce (S. 125). Man kann auch etwas mehr Blumenkohlreis zubereiten und daraus einen leckeren Salat zubereiten, wie hier im Wochenplan 9 beispielsweise den Blumenkohlreis-Salat (S. 127).

Thunfisch-Ei-Salat

Für 1 Portion Salat (ohne Dressing)
Pro Portion: 314 kcal / 11 g KH / 20,8 g F / 31,7 g P

1 gekochtes Ei
150 g Pflücksalat
1/2 rote Zwiebel
5 Cherrytomaten
5 schwarze entsteinte Oliven
1/2 Dose Thunfisch im eigenen Saft (ca. 75 g)

1. Die Eier pellen.
2. Den Salat waschen, verlesen, abtropfen lassen und in eine Schüssel geben. Zwiebel schälen, halbieren und in feine Scheiben schneiden. Die Tomaten waschen, abtrocknen und in Viertel schneiden.
3. Zwiebelscheiben, Oliven und Tomatenviertel zum Salat in die Schüssel geben. Thunfisch abtropfen lassen, mit der Gabel in kleine Stückchen reißen und zum Salat geben.
4. Dazu planen Sie diese Woche eine Portion Kräuter-Dressing auf Vorrat (S. 131) oder auch die Joghurt-Sauce (S. 125) ein. Der restliche Thunfisch und die Zwiebel wird für den Thunfischaufstrich (S. 134) verwendet.

Tipps und Aufbewahrung:

Das Dressing sollte erst kurz vor dem Verzehr hinzugefügt werden.
Im Kühlschrank hält der Salat 1–2 Tage.

Kräuter-Dressing auf Vorrat

Für 6 Portionen

Pro Portion: 76 kcal / 3,6 g KH / 6,1 g F / 0,2 g P

½ Zwiebel
2 EL TK-Kräuter (z. B. Petersilie, Gartenkräuter-Mischung, Oregano)
4 EL Olivenöl
8 EL Aceto balsamico bianco
2 EL Zitronensaft
Salz, Pfeffer
1 TL Xylit oder Erythrit

1. Zwiebel schälen und klein hacken.
2. Alle Zutaten in einem Schälchen vermischen und dann in ein Glas oder in eine Glasflasche umfüllen.

Tipps und Aufbewahrung:

Das Dressing vor dem Verzehr aufschütteln.
Im Kühlschrank ist es mindestens eine Woche haltbar.

Zucchini-Risotto

Für 1 Portion
Pro Portion: 320 kcal / 10,2 g KH / 23,6 g F / 11,4 g P

100 g Konjakreis
1 TL Butter
1 Knoblauchzehe
1/2 kleine rote Zwiebel
1/2 mittelgroßer Zucchino (ca. 135 g)
1 TL Gemüsebrühepulver
130 ml Soja cuisine (Sojacreme zum Kochen, alternativ: Kochsahne)
15 g gehobelter Parmesan*
Salz, Pfeffer

1. Konjakreis mit lauwarmem Wasser in einem Sieb durchspülen und abtropfen lassen.
2. Die Butter in einem Topf erhitzen. Knoblauch und Zwiebel schälen, fein hacken und in der Butter anschwitzen.
3. Zucchino putzen, waschen, raspeln und zur Knoblauch-Zwiebel-Mischung geben. Alles so lange anbraten, bis die Flüssigkeit komplett verdampft ist. Dabei gelegentlich umrühren.
4. Gemüsebrühepulver und Sojacreme unterrühren, dann den Reis und den Parmesan einrühren. Risotto mit Salz und Pfeffer abschmecken und weitere 5 Min. bei geringer Hitze köcheln lassen. Gelegentlich umrühren.

Tipps und Aufbewahrung:
Der Risotto hält im Kühlschrank 2–3 Tage.

---

* Klassischer Parmesan ist streng genommen nicht vegetarisch, da er mit tierisches Lab hergestellt wird. Alternativ eine Käsesorte mit mikrobiellen Lab verwenden.

Thunfisch-Tomaten-Aufstrich

Für 1 Portion
Pro Portion: 184 kcal / 8,2 g KH / 5,5 g F / 24 g P

½ Zwiebel
1 Knoblauchzehe
1 TL Olivenöl
½ Dose Thunfisch in eigenem Saft (ca. 75 g)
3 Cherrytomaten
70 g passierte Tomaten
½ TL TK-Kräuter (z. B. Petersilie)
1 TL Zitronensaft

1. Zwiebel und Knoblauch schälen und fein hacken. Das Olivenöl in einem Topf erhitzen und Zwiebel und Knoblauch darin glasig anschwitzen.
2. Thunfisch mit in den Topf geben und kurz anbraten, dabei gelegentlich umrühren.
3. Die Tomaten waschen, vierteln und zusammen mit den passierten Tomaten und Kräutern unter den Thunfisch rühren. Den Aufstrich mit Zitronensaft beträufeln.

Tipps und Aufbewahrung:

Der Aufstrich hält sich verschlossen im Kühlschrank bis zu 3 Tage.

Vanille-Zimt-Milchreis

Für 1 Portion
Pro Portion: 157 kcal / 8,7 g KH / 2,4 g F / 2,6 g P

100 g Konjakreis
125 ml Mandelmilch
Mark von 1/2 Vanilleschote oder 1 Msp. gemahlene Vanille
1/2 gestrichener TL Guarkernmehl
1 TL Zimtpulver
1 1/2 EL Xylit
100 g frische Himbeeren

1. Konjakreis mit lauwarmem Wasser in einem Sieb durchspülen und abtropfen lassen.
2. Dann den Reis mit Mandelmilch und Vanille in einen Topf geben und aufkochen. Dabei gelegentlich umrühren. Konjakreis ca. 5 Min. bei geringer Hitze köcheln lassen.
3. Dann das Guarkernmehl unter den Milchreis rühren. Sobald die Masse etwas angedickt ist, Zimt und Xylit unterrühren.
4. Die Himbeeren waschen, abtropfen lassen und separat zum Konjak-Milchreis genießen oder unterrühren.

Tipps und Aufbewahrung:

Es kann auch die doppelte Menge Konjakreis und Milch aufgekocht werden und statt Vanille und Zimt zum Beispiel Kokosflocken verwendet werden.
Im Kühlschrank ist der Milchreis 2–3 Tage haltbar.

Wochenplan 10

Vorhaben und Voraussetzungen

- Sie bereiten Lunchbox und Abendessen für 5 Tage vor.
- Diese Woche zeigt eine Planung ohne Gefrierfach.
- Es gibt nur einen Meal-Prep-Tag.

	Lunchbox Arbeit	Abendessen
Sa	Planung für die Woche und Einkauf nach Bedarfsliste (S. 137)	
So	Meal-Prep-Tag	
Mo	Lunchbox 1 (S. 141)	1 Portion Auberginen-Lasagne (S. 138)
Di	Lunchbox 2 (S. 141)	1 Portion Hähnchen und Gemüse aus dem Ofen (S. 140)
Mi	Lunchbox 3 (S. 141)	1 Portion Auberginen-Lasagne (S. 138)
Do	Lunchbox 1 (S. 141)	1 Portion Hähnchen und Gemüse aus dem Ofen (S. 140)
Fr	Lunchbox 2 (S. 141)	1 Portion Auberginen-Lasagne (S. 138)

Es bleiben noch drei Heidelbeer-Cheesecake-Muffins und vier Knäckebrot-Cracker übrig, die man als Snack für Zwischendurch verwenden kann.

Bedarfsliste

- ☐ 550 g Hackfleisch
- ☐ 2 Scheiben Salami
- ☐ 300 g Hähnchenbrustfilet
- ☐ 50 g Reibekäse
- ☐ 2 Scheiben Käse (ca. 80 g, z. B. Maasdamer)
- ☐ 2 Scheiben Mozzarella (ca. 40 g)
- ☐ 20 g Butter
- ☐ 150 ml Milch
- ☐ 300 g Magerquark
- ☐ 3 Eier
- ☐ 300 g grüne Bohnen
- ☐ 200 g Champignons
- ☐ 100 g + 26 Stück Cherrytomaten
- ☐ 2 Tomatenscheiben (1/2 Tomate)
- ☐ 1 Aubergine
- ☐ 1 Mini-Paprikaschote
- ☐ 1 Salatgurke (ergibt 5 × 1 Stück Gurke bei den Lunchboxen)
- ☐ 1 kleine Karotte
- ☐ 1 Schalotte
- ☐ 1 Zwiebel
- ☐ 2 Knoblauchzehen
- ☐ 50 g Heidelbeeren
- ☐ 350 g passierte Tomaten
- ☐ 300 g stückige Tomaten (Dose)
- ☐ 50 g Leinsamen
- ☐ 35 g Mandelmehl
- ☐ 2 EL Kürbiskerne
- ☐ 20 g + 1 EL Sesamsamen
- ☐ 1 EL Sonnenblumenkerne
- ☐ 14 Haselnüsse
- ☐ 20 g Eiweißpulver Vanille oder Mandelmehl
- ☐ 2 EL Xylit
- ☐ 1/2 TL Guarkernmehl
- ☐ 1 EL Zitronensaft
- ☐ 2 Tropfen Rumaroma (optional)
- ☐ 1 TL mittelscharfer Senf
- ☐ 1 EL Tomatenmark
- ☐ 1 EL + 1 TL Öl (z. B. Rapsöl)
- ☐ 2 EL Olivenöl

Gewürze:

- ☐ Salz, Pfeffer
- ☐ 1 TL getrockneter Oregano
- ☐ frisch geriebene Muskatnuss
- ☐ edelsüßes und rosenscharfes Paprikapulver

Die Rezepte der Woche

Auberginen-Lasagne im Glas

Für 3 Portionen
Pro Portion: 446 kcal / 17,6 g KH / 25,9 g F / 30,6 g P

1 Aubergine
Salz
1 Zwiebel
1 Knoblauchzehe
1 TL Öl (z. B. Rapsöl)
300 g Hackfleisch
350 g passierte Tomaten
300 g stückige Tomaten (Dose)
Pfeffer
1 TL getrockneter Oregano
20 g Butter
150 ml Milch
½ TL Guarkernmehl
frisch geriebene Muskatnuss
50 g Reibekäse
3 Einmachgläser mit großer Öffnung und einer Füllmenge von etwa 500 ml

1. Den Backofen auf 180 °C Umluft vorheizen.
2. Die Aubergine waschen, putzen, abtrocknen und der Länge nach in etwa 1–2 mm dicke Scheiben schneiden. Die Auberginenscheiben gut salzen und 30 Min. ziehen lassen.
3. In der Zwischenzeit die Sauce kochen. Dazu die Zwiebel und Knoblauchzehe schälen und klein hacken. Das Öl in einer Pfanne erhitzen und die Zwiebel- und Knoblauchstücke darin andünsten. Das Hackfleisch hinzufügen und scharf anbraten. Dann den Pfanneninhalt mit den passierten Tomaten ablöschen und die stückigen Tomaten dazugeben. Die Sauce mit Salz, Pfeffer und Oregano würzen und bei geringer Hitze 10–15 Min. köcheln lassen, zum Schluss nochmals abschmecken.
4. Die Auberginenscheiben trocken tupfen und in die passende Größe schneiden, damit man sie in die Gläser schichten kann.

5. Auf den Boden des Glases eine Schicht Auberginen legen, dann abwechselnd einen Teil der Sauce daraufgeben und wieder eine Schicht mit Auberginenscheiben. So fortfahren, bis alle drei Gläser gleichmäßig gefüllt sind und Sauce und Auberginenscheiben aufgebraucht sind.
6. Einen kleinen Topf erhitzen und die Butter darin bei mittlerer Hitze schmelzen. Die Milch hinzufügen und unter Rühren das Guarkernmehl einrieseln lassen. Danach die Sauce vorsichtig köcheln lassen und rühren, bis eine dickflüssige Béchamelsauce entsteht. Diese mit Salz und Muskatnuss abschmecken und auf die drei Gläser verteilen.
7. Lasagne mit Reibekäse bestreuen und ca. 35–40 Min. im Ofen backen. Dann die Gläser aus dem Ofen holen, verschließen, vollständig abkühlen lassen und in den Kühlschrank stellen.

Tipps und Aufbewahrung:

Im Kühlschrank ist die Lasagne bis zu einer Woche haltbar.

Hähnchen und Gemüse aus dem Ofen

Für 2 Portionen
Pro Portion: 356 kcal / 8,8 g KH / 16 g F / 42,8 g P

300 g grüne Bohnen
200 g Champignons
100 g Cherrytomaten
1 Knoblauchzehe
Salz, Pfeffer
edelsüßes Paprikapulver
2 EL Öl, z. B. Olivenöl
300 g Hähnchenbrustfilet
1 EL Zitronensaft
20 g Sesamsamen

1. Den Backofen auf 200 °C Umluft vorheizen.
2. Bohnen und Champignons putzen. Champignons in Scheiben schneiden. Die Tomaten waschen, abtrocknen und halbieren.
3. Knoblauchzehe schälen, durch die Knoblauchpresse drücken, zusammen mit Salz, Pfeffer, Paprikapulver und 1 EL Olivenöl zum Gemüse geben und gut vermischen. Das Gemüse in eine gefettete Auflaufform geben.
4. Hähnchenbrust kalt abspülen, trocken tupfen, mit Salz, Pfeffer, Paprikapulver und 1 EL Olivenöl einreiben und im Ganzen auf das Gemüse legen.
5. Gemüse und Hähnchen in den Ofen schieben und 15–20 Min. garen.
6. Dann die Hähnchenbrust in mundgerechte Stücke schneiden, zum Gemüse geben und zusammen mit 1 EL Zitronensaft und dem Sesam untermischen. Das Gericht auf zwei Aufbewahrungsbehälter aufteilen.

Tipps und Aufbewahrung:

Im Kühlschrank halten sich Hähnchen und Gemüse bis zu 5 Tage.

Lunchbox 1

Pro Lunchbox: 411 kcal / 9,8 g KH / 24,5 g F / 30,9 g P

1 Heidelbeer-Cheesecake-Muffin (S. 142)
7 Haselnüsse
4 bunte Cherrytomaten
1 Stück Salatgurke
3 Knäckebrot-Cracker (S. 143)
6 Käsechips mit Salami (S. 144)

Lunchbox 2

Pro Lunchbox: 442 kcal / 5,5 g KH / 28,1 g F / 28,8 g P

6 Hackbällchen (S. 145)
6 Cherrytomaten
1 Stück Salatgurke
6 Käsechips Paprika (S. 144)

Lunchbox 3

Pro Lunchbox: 386 kcal / 11,2 g KH / 20,1 g F / 31 g P

2 Tomatenscheiben
1 Frikadelle (S. 145)
1 kleine Karotte
6 Cherrytomaten
1 Stück Gurke in Scheiben
2 Scheiben Mozzarella
1 Heidelbeer-Cheesecake-Muffin (S. 142)
1 EL Kürbiskerne

Heidelbeer-Cheesecake-Muffins

*

Für 6 Stück
Pro Portion: 71 kcal / 3,2 g KH / 1,1 g F / 9,7 g P

50 g Heidelbeeren
300 g Magerquark
1 Ei
20 g Eiweißpulver Vanille oder alternativ gleiche Menge Mandelmehl
2 EL Xylit
2 Tropfen Rumaroma (optional)
6 Papiermuffinförmchen
Muffinblech

1. Den Backofen auf 160 °C Ober-/Unterhitze vorheizen. Die Heidelbeeren waschen und abtropfen lassen.
2. Die restlichen Zutaten in eine Schüssel geben und verrühren. Die Heidelbeeren unterheben.
3. 6 Muffinförmchen in die Mulden des Muffinblechs setzen und die Masse hineingeben. Die Muffins im Ofen ca. 20–25 Min. backen.
4. Dann den Ofen ausschalten und die Muffins noch im Ofen stehen lassen, bis der Ofen abgekühlt ist.

Tipps und Aufbewahrung:

Die Muffins sind im Kühlschrank bis zu einer Woche haltbar.

(Foto s. S. 141, Lunchbox 1)

* falls Eiweißpulver glutenfrei ist

Knäckebrot-Cracker

Für 10 Stück
Pro Stück: 67 kcal / 0,9 g KH / 4,3 g F / 4,7 g P

1 Ei
50 g Leinsamen
35 g Mandelmehl
1 EL Kürbiskerne
1 EL Sesamsamen
1 EL Sonnenblumenkerne
½ TL Salz

1. Den Backofen auf 170 °C Ober-/Unterhitze vorheizen.
2. Das Ei in einer Schüssel verquirlen. Alle restlichen Zutaten untermischen und den Teig 10 Min. quellen lassen. Bei Bedarf noch 1–2 EL Wasser hinzufügen.
3. Den Teig auf einem mit Backpapier belegten Backblech dünn verstreichen.
4. Cracker im Backofen ca. 20–25 Min. backen, dann noch warm in die gewünschte Form schneiden.

Tipps und Aufbewahrung:

Im Kühlschrank sind die Cracker mindestens eine Woche haltbar.

(Foto s. S. 141, Lunchbox 1)

Käsechips

Für ca. 24 Stück
Pro Stück: 16 kcal / 0,2 g KH / 1,2 g F / 1,1 g P

2 Scheiben Käse (ca. 80 g, z. B. Maasdamer)
1 Mini-Paprikaschote
2 Scheiben Salami

1. Den Backofen auf 150 °C Umluft vorheizen. Die Käsescheiben in die gewünschte Form schneiden, z. B. Rechtecke 4 × 3 Stück pro Scheibe.
2. Paprika waschen, entkernen und in Ringe schneiden. Die Salamischeiben vierteln. Paprika und Salamistücke auf die Käserechtecke legen.
3. Die Chips auf ein mit Backpapier belegtes Backblech legen und im Ofen ca. 10–15 Min. backen. Sobald der Käse weich wird, eventuell Paprika und Salami noch mit einem Löffel etwas in den Käse eindrücken.
4. Fertige Chips aus dem Ofen holen, komplett auskühlen lassen und im Kühlschrank lagern.

Tipps und Aufbewahrung:

Die Chips sind im Kühlschrank bis zu 2 Wochen haltbar.

(Foto s. S. 141, Lunchbox 1)

Hackbällchen bzw. Frikadelle

Für 12 Mini-Hackbällchen und 1 Frikadelle
Pro 2 Hackbällchen oder 1 Frikadelle: 110 kcal / 0,6 g KH / 6,9 g F / 7,1 g P

1 Schalotte
250 g Hackfleisch
1 Ei
Salz, Pfeffer
1 TL mittelscharfer Senf
1 EL Tomatenmark
1 EL Öl (z. B. Rapsöl)

1. Schalotte schälen und in kleine Würfel schneiden.
2. Alle Zutaten bis auf das Öl in eine Schüssel geben, miteinander vermischen und für die Lunchboxen der Woche zwölf Hackbällchen und eine Mini-Frikadelle formen.
3. Das Öl in einer Pfanne erhitzen und die Hackbällchen sowie die Frikadelle darin rundherum goldbraun an- und durchbraten.

Tipps und Aufbewahrung:

Im Kühlschrank sind Bällchen und Frikadelle 5–6 Tage haltbar.

(Foto s. S. 141, Lunchbox 2)

Zusatzrezepte mit Kombi-Ideen

Mit Tofu gefüllte Paprika

Für 2 Portionen
Pro Stück: 329 kcal / 13,7 g KH / 11,3 g F / 35 g P

2 Paprikaschoten
250 g Naturtofu
2 EL Currypulver
2 EL Xylit
200 g Magerquark
1 EL TK-Petersilie
1 EL Mineralwasser mit Kohlensäure
Salz, Pfeffer

1. Den Backofen auf 180 °C Umluft vorheizen.
2. Paprika waschen, abtrocknen, die Deckel abschneiden und die Kerne im Inneren entfernen.
3. Den Tofu mit einer Küchenmaschine reiskorngroß zerkleinern. Danach mit ca. 70 ml Wasser in einen Topf geben und kurz aufkochen. Currypulver und Xylit hinzufügen und ca. 5 Min. bei geringer Hitze köcheln lassen.
4. Paprika in eine gefettete Auflaufform stellen, mit der Curry-Tofu-Mischung füllen und 25–30 Min. im Ofen backen.
5. Währenddessen Quark, Petersilie, 1 EL Mineralwasser, Salz und Pfeffer in eine Schüssel geben und verrühren.
6. Ausgekühlte, gefüllte Paprikas in zwei Aufbewahrungsbehälter geben. Den Kräuterquark separat lagern und erst kurz vor dem Verzehr hinzufügen.

Aufbewahrung und Kombi-Tipp:

Im Kühlschrank sind die Paprika 3–4 Tage haltbar.
Das Gericht kann sehr gut mit Wochenplan 4 und 7 kombiniert werden, weil hier Tofu verwendet wird. Die Tofu-Füllung kann auch ganz einfach durch eine Hackfleisch- oder auch Blumenkohlreisfüllung (Blumenkohlreis, S. 128) ersetzt werden.

Zucchininudeln mit Garnelen

Für 1 Portion
Pro Stück: 287 kcal / 13,3 g KH / 10,4 g F / 34,8 g P

1 kleiner Zucchino
100 g Cherrytomaten
1 Knoblauchzehe
1 Schalotte
1 TL Kokosöl
150 g küchenfertige Garnelen
2 EL Tomatenmark
Salz, Pfeffer
edelsüßes Paprikapulver

1. Zucchino waschen, putzen, abtrocknen und mit einem Spiralschneider zu »Nudeln« schneiden.
2. Die Tomaten waschen und klein schneiden. Knoblauch und Schalotte schälen und klein hacken.
3. Das Kokosöl erhitzen und Knoblauch- und Zwiebelstücke darin anbraten. Tomatenstücke und Garnelen hinzufügen und kurz anbraten. Tomatenmark und Zucchininudeln hinzufügen.
4. Die Zucchini-Garnelen-Pfanne mit Salz, Pfeffer und Paprikapulver würzen und alles gut vermischen, dann noch 3–4 Min. anbraten. Das fertige Gericht abkühlen lassen und in einen Aufbewahrungsbehälter geben.

Aufbewahrung und Kombi-Tipp:

Im Kühlschrank lagern und innerhalb von 1–2 Tagen verbrauchen.
Eine größere Menge Garnelen kaufen und zu Garnelen im Speckmantel (S. 150) verarbeiten. Dazu schmeckt auch Tomatensauce (S. 121).

Garnelen im Speckmantel

Für 2 Portionen (zum Salat, mit Dip und Knabbergemüse)
Pro Portion: 296 kcal / 2,8 g KH / 25,9 g F / 13,1 g P

200 g Garnelen
2 EL Zitronensaft
2 EL Öl (z. B. Olivenöl)
80 g dünne Bauchspeckscheiben
1 Knoblauchzehe (optional)
Pfeffer
Zahnstocher

1. Knoblauchzehe schälen und fein hacken. Zitronensaft, 1 EL Olivenöl, Knoblauch und Pfeffer in ein Schälchen geben und gut vermengen.
2. Garnelen in einer Schüssel mit der Marinade vermischen und ca. 30 Min. ziehen lassen.
3. Danach die Garnelen mit den Bauchspeckscheiben umwickeln und mit einem Zahnstocher fixieren.
4. Das restliche Olivenöl in einer Pfanne erhitzen und die Garnelen darin 3–4 Min. unter ständigem Wenden scharf anbraten.

Aufbewahrung und Kombi-Tipp:

Im Kühlschrank lagern und innerhalb von 2 Tagen verbrauchen.
Kombination mit Zucchininudeln mit Garnelen (S. 148).
Schmeckt lecker zu Tomatensauce (S. 121) oder als Beilage zu diversen Suppen wie Spargelsuppe (S. 97). Als Beilage für Suppen ergibt dieses Rezept ca. 4 Portionen.

Zucchini-Hackfleisch-Sandwiches

Für 6 Stück
Pro Stück: 134 kcal / 1,5 g KH / 9,4 g F / 9,9 g P

1 Zucchino
Hackfleischteig (S. 145)

1. Backofen auf 180 °C Umluft vorheizen.
2. Den Hackfleischteig vorbereiten und 6 Frikadellen formen. Diese auf ein mit Backpapier belegtes Backblech legen und ca. 15 Min. im Ofen backen.
3. Inzwischen den Zucchino waschen, abtrocknen und in zwölf ca. ½–1 cm dicke Scheiben abschneiden.
4. Das Blech mit Frikadellen aus dem Ofen holen, Frikadellen wenden und die Zucchinischeiben daneben verteilen. Das Blech wieder in den Ofen schieben und Frikadellen und Zucchinischeiben weitere 10 Min. backen.
5. Danach beides gut abkühlen lassen und die Frikadellen immer zwischen zwei Zucchinischeiben legen.

Aufbewahrung:

Im Kühlschrank sind die Sandwiches 3–4 Tage haltbar. Sie sind übrigens sehr gut kombinierbar mit den Lunchboxen in Wochenplan 10.

Lunchbox: Zucchininudeln mit Hackbällchen, Tomatensauce, Heidelbeeren und Nuss-Snack

Pro Lunchbox: 471 kcal / 15,6 g KH / 31 g F / 26,5 g P

1 EL Nuss-Snack (S. 98)
30 g Heidelbeeren
1 Portion Hackbällchen (S. 145) (klein gerollt)
1 kleiner Zucchino, mit einem Spiralschneider zu Zucchininudeln geschnitten
Tomatensauce (S. 121)

Kombi-Tipp:

Sehr gut mit der Zubereitung der Zucchininudeln mit Garnelen (S. 148) zu kombinieren.

Rezeptübersicht

Hauptspeisen mit Fisch, Fleisch und Wurst

Brot, Brötchen, deftige Muffins

Snacks und Zwischenmahlzeiten

Dressings/Dips/Saucen/Pesto

Empfehlungen und Bezugsquellen

Hochwertige Meal-Prep-Container und Lunchboxen für Ihr tägliches Meal-Prep. Zertifiziert und getestet! www.fitprep.de

Lunchboxen für die beliebtesten Mahlzeiten to go gibt es von EMSA. Mit den Clip-&-Go-Lunchboxen wird jedes Essen – egal ob Müsli, Salat, Sandwiches oder Lunch – richtig und auslaufsicher transportiert. Weitere Infos zu den Lunchboxen – made in Germany – und Onlinehändler gibt es unter: www.emsa.com/clip-and-go

Danksagung

Bianca zeigt mit ihrem Food-und-Fitness-Instagram-Account @biancazapatka anhand von schönen Fotografien, wie lecker, bewusst und ausgewogen man sich ernähren kann. Egal ob vegetarisch, mit Fleisch/Fisch und süß oder herzhaft. Hier ist für jeden etwas dabei und hier wird garantiert jeder hungrig!

Diana vom Blog www.schwarzgrueneszebra.de teilt auf ihrer Seite jede Woche leckere Low-Carb-Gerichte. Nicht nur schnelle Gerichte für jeden Tag, sondern auch Außergewöhnliches für die besonderen Momente oder den süßen Zahn. Ihr Motto lautet: Geht nicht, gibt's nicht!

Katharina – schnelle, gesunde Fitnessküche für jedermann. Leckereien können gesund sein und ausgewogen kochen geht auch in der Mikrowelle. Wie? Das zeigt Katharina auf ihrem Fitness-Account bei Instagram @squatsandpeanuts.

Mandy zeigt auf ihrem Instagram-Account @mia.mirabelle einfache Rezepte, die leicht umzusetzen und auch noch gesund sind. Hier ist von low carb, low fat bis hin zu vegetarisch und vegan von allem etwas dabei. Zudem werden alle Back- und Kochwerke liebevoll in Szene gesetzt, sodass die Fotos schon Lust aufs Backen bzw. Kochen machen.

Dir fehlt die Motivation, dich in die Küche zu stellen und etwas Gesundes zu kochen? Dass dem nicht so sein muss, zeigt Vanessa F. Wie man schnelle und vor allem eiweißreiche Gerichte und Süßspeisen zubereitet, zeigt sie auf ihrem Instagram-Account: @vanessas.gymfood.

Über die Autorin

Veronika Pichl, Jahrgang 1980, ist erfolgreiche Buchautorin zu den Themen Abnehmen, Ernährung, Bewegung und Glücklichsein. Sie entwickelt Ratgeber für den riva Verlag und den von ihr selbst gegründeten Happy Fit Food Verlag (www.happyfitfood.de).

Bild- und Rezeptnachweis

S. 31: Nuss-Mandel-Riegel (Rezept + Foto): Diana Ruchser, schwarzgrueneszebra.de
S. 32: Oatmeal Cups (Rezept + Foto): Miriam Matin
S. 36: Zucchini-Enchiladas (Rezept + Foto): Vanessa Faschingbauer, #vanvanblabla
S. 47: Gemüse-Hackbällchen-Auflauf (Rezept + Foto): Diana Ruchser, schwarzgrueneszebra.de
S. 49: Blumenkohl-Nuggets (Rezept + Foto): Diana Ruchser, schwarzgrueneszebra.de
S. 61–65: Heiße Tassen Variationen 1–3 (Rezepte + Fotos): Vanessa Faschingbauer, #vanvanblabla
S. 66: Feta-Tomaten-Muffins (Rezept + Foto): Diana Ruchser, schwarzgrueneszebra.de
S. 68: Heiße Tasse Variante 4 (Rezept + Foto): Miriam Matin
S. 73: Würstchen im Schlafrock (Rezept + Foto): Diana Ruchser, schwarzgrueneszebra.de
S. 74–79: Tassenkuchen-Variationen (Rezepte + Fotos): Vanessa Faschingbauer, #vanvanblabla
S. 82: Sellerieschnitzel (Rezept + Foto): Diana Ruchser, schwarzgrueneszebra.de
S. 91: Sesambrot (Rezept + Foto): Diana Ruchser, schwarzgrueneszebra.de
S. 92: Zucchini-Frischkäse-Aufstrich (Rezept + Foto): Vanessa Faschingbauer, #vanvanblabla
S. 93: Zucchini-Feta-Puffer mit Kräuterquark (Rezept + Foto): Miriam Matin
S. 99: Schnelle Pizza (Rezept + Foto): Diana Ruchser, schwarzgrueneszebra.de
S. 102–104: Strudel – deftig und süß (Rezepte + Fotos): Vanessa Faschingbauer, #vanvanblabla
S. 107: Gebratener Tofu mit Sesam (Rezepte + Fotos): Vanessa Faschingbauer, #vanvanblabla
S. 114: Eiskonfekt (Rezept + Foto): Diana Ruchser, schwarzgrueneszebra.de
S. 115: Ofengemüse mit Rindfleisch und Hähnchen (Rezept + Foto): Diana Ruchser, schwarzgrueneszebra.de
S. 122: Brokkolitaler (Rezept + Foto): Mandy Brünig, #mia.mirabelle
S. 126: Eiweißbrötchen (Rezept + Foto): Miriam Matin
S. 128: Hähnchen mit Blumenkohlreis und Brokkoli (Foto): Bianca Zapatka, #biancazapatka
S. 132: Zucchini-Risotto (Rezept + Foto): Vanessa Faschingbauer, #vanvanblabla
S. 135: Vanille-Zimt-Milchreis (Rezept + Foto): Vanessa Faschingbauer, #vanvanblabla

S. 138: Auberginen-Lasagne im Glas (Rezept + Foto): Diana Ruchser, schwarzgrueneszebra.de
S. 140: Hähnchen und Gemüse aus dem Ofen (Rezept): Katharina Clören, #squatsandpeanuts
S. 141–145: Lunchboxen 1–3 (Rezept+Foto): Veronika Pichl, happyfitfood.de
S. 146: Mit Tofu gefüllte Paprika (Rezept + Foto): Christopher Breitfuß, #fussal93
S. 148: Zucchininudeln mit Garnelen (Rezept): Katharina Clören, #squatsandpeanuts
S. 152: Lunchbox: Zucchininudeln mit Hackbällchen (Rezept+Foto): Veronika Pichl, happyfitfood.de

S. 9: Bon Appetit/shutterstock.com; S. 10: AZP Worldwide/shutterstock.com; S. 11 links oben: Sergey Peterman/shutterstock.com; S. 11 rechts unten: maroke/shutterstock.com; S. 12: margouillat photo/shutterstock.com; S. 13: George Rudy/shutterstock.com; S. 14. stockcreations/shutterstock.com; S. 15: shutterstock.com; S. 16 links: sergiophoto/shutterstock.com; S. 16 rechts: George Rudy/shutterstock.com; S. 17: Linda Bestwick/shutterstock.com; S. 18: Ahanov Michael/shutterstock.com; S. 20: SewCream/shutterstock.com; S. 21: Oleksandra Naumenko/shutterstock.com; S. 22: thefoodphotographer/shutterstock.com; S. 23 rechts oben: colnihko/shutterstock.com; S. 23 links unten: Elena Shashkina/shutterstock.com; S. 42: eugena-klykova/shutterstock.com; S. 43: Karl Allgaeuer/shutterstock.com; S. 50: NoirChocolate/shutterstock.com; S. 51: Sea Wave/shutterstock.com; S. 52: Stolyevych Yuliya/shutterstock.com; S. 57: Elena Schweitzer/shutterstock.com; S. 72: Joerg Beuge/shutterstock.com; S. 75: SEAGULL_L/shutterstock.com; S. 81: Linda Bestwick/shutterstock.com; S. 83: pearl7/shutterstock.com; S. 84: DronG/shutterstock.com; S. 85: Arina P Habich/shutterstock.com; S. 87: mpessaris/iStockphoto.com; S. 90: Elena Veselova/shutterstock.com; S. 95: Olga Nayashkova/shutterstock.com; S. 96: marcin jucha/shutterstock.com; S. 97: Maren Winter/shutterstock.com; S. 98: mama_mia/shutterstock.com; S. 105: KateSmirnova/iStockphoto.com; S. 106 + 107: Elena Veselova/shutterstock.com; S. 109: Natali Ximich/shutterstock.com; S. 110: Bjoern Wylezich/shutterstock.com; S. 111: Magdanatka/shutterstock.com; S. 120: Charlotte Lake/shutterstock.com; S. 121: Sea Wave/shutterstock.com; S. 124: Nataliya Arzamasova/shutterstock.com; S. 125: Elena Veselova/shutterstock.com; S. 130: gkrphoto/shutterstock.com; S. 131: Lapina Maria/shutterstock.com; S. 134: VICUSCHKA/shutterstock.com; S. 140: VeronikaSmirnaya/shutterstock.com; S. 149: Elena Shashkina/shutterstock.com; S. 150: Magnago/shutterstock.com; S. 151: PG Studija/shutterstock.com